Llyfrgelloedd Caerdydd
www.caerdydd.gov.uk/llyfrgelloedd
CAERDYDD Cardiff Libraries
CARDIFF www.cardiff.gov.uk/libraries

Maurice Loader.
Peter Owen Jones Photography, Llanelli.

BREINIOL WASANAETH

Emynau, carolau, cerddi ac ysgrifau

gan
Maurice Loader

CYMDEITHAS EMYNAU CYMRU
2017

Dymuna Cymdeithas Emynau Cymru gydnabod yn ddiolchgar
rodd hael gan deulu Maurice Loader at gostau cyhoeddi'r gyfrol hon.

Diolchwn i berchenogion hawlfraint am eu caniatâd i gynnwys
deunydd cyfieithiedig: cofnodir hynny yn y mannau priodol.
Gwnaethpwyd pob ymdrech i olrhain perchenogion hawlfraint,
ond os cynhwyswyd rhywbeth heb y caniatâd priodol,
cywirir hynny mewn unrhyw argraffiad pellach.

ISBN 978-0-9576973-2-4

Clawr: Moel Famau (llun Meinir Loader)

Argraffwyd yng Nghymru gan
Wasg Dinefwr
Heol Rawlings, Llandybïe
Sir Gaerfyrddin, SA18 3YD

CYNNWYS

CYFLWYNIAD

Rhiannon Ifans

Anrhydedd o'r mwyaf i mi yw cael cyflwyno'r gyfrol werthfawr hon i olwg y cyhoedd. Ac yntau eisoes yn awdur esboniadau ar yr Hen Destament a'r Newydd; gwasanaethau, gweddïau a myfyrdodau personol a chynulleidfaol; ynghyd â chyfrolau ar hanes yr achos yng Nghapel Als, Llanelli, a Seion, Porth Tywyn; dyma heddiw weld cyhoeddi casgliad o waith y Parchedig Maurice Loader sydd efallai yn fwy personol ei naws. Gwelwn yma ffrwyth gweledigaeth enaid, ac osgo bywyd y dyn hynod hwn.

Casglwyd at ei gilydd ddarnau o ryddiaith a barddoniaeth sy'n cynrychioli hanfod y gŵr. Mae yma ysgrifau sy'n seiliedig ar ddarlleniadau Beiblaidd, tro bach i Bennant Melangell a chrwydr ar lannau afon Alun, sylwadau ar bortread Syr Henry Raeburn o *The Skating Minister*, coffâd i Pennar Davies, ac nid yw'n syndod gweld yma esboniad ar lythyr Paul at y Galatiaid. O ran ei waith barddol cyflwynir yma emynau a charolau i oedolion a phlant, ynghyd ag ambell soned a cherdd i ddathlu sefydlu eglwys, i Ddewi Sant, i ffynnon Alys yn ardal Llanelli, yn ogystal â myfyrdod ar henaint. Adran drawiadol arall yw'r casgliad o gerddi gan R. S. Thomas y mae'r Parchedig Maurice Loader wedi eu cyfieithu'n gelfydd: cyfieithiadau o waith bardd gan fardd. Ac o grybwyll cyfieithiadau, mae yn y gyfrol drosiad i'r Gymraeg o ddetholiad o fyfyrdodau Nelson Mandela pan garcharwyd ef ar Ynys Robben am ddeunaw o'r saith mlynedd ar hugain y bu dan glo.

Felly ble mae dechrau mantoli cyfrol ddeniadol-amrywiol o'r fath? Efallai mai'r man amlwg yw drwy gael cip ar yr hunangofiant. Dechrau yn y dechrau. Hanes yr awdur yn blentyn yn Nhan-y-graig yn sir y Fflint sydd yma, a chofnodir nifer o straeon hyfryd a doniol am ei fywyd cynnar. Ond gallwn hefyd ei weld gyda'i frawd Jesse yn cerdded adref o Loggerheads yn yr haf, heibio i ŵr dall o'i enedigaeth oedd â'i gap ar lawr o'i flaen yn disgwyl derbyn ei hatling. Meddai Maurice Loader amdano, 'gwnaeth un gymwynas fawr â mi: dysgodd imi wers trugaredd yn gynnar yn fy mywyd'. A dyma wers nad ymadawodd â hi weddill ei oes.

Wedi dod i oedran gŵr bu'r Parchedig Maurice Loader yn cyhoeddi'n frwd o'r pulpud, mewn print, ac yn breifat, Efengyl Crist. Gydol ei fywyd pwysai arno'r rheidrwydd i bregethu'r Efengyl, gwasanaethu Crist, a'i ddilyn, 'gan blannu coed / wrth gerdded trwy y byd yn ôl ei droed', yng ngeiriau'r gerdd 'Adlais'.

Tyst arall i waith ei fywyd yw ei allwedd i lythyr Paul at y Galatiaid. Seilir yr adran ar ymchwil drwyadl, ac fe'i cyflwynir mewn arddull sy'n gyfuniad o'r ysgolheigaidd fanwl a'r rhwyddineb mynegiant hwnnw sy'n llithro fel ruban a pheri siffrydiad yn y galon. Dyma adran i fyfyrio arni'n hir a chawn ddigon o help llaw i'n cadw'n gysurus wrth y dasg. Lle byddai crwydriadau mwydrus ambell un yn tywyllu cyngor, mae'r drafodaeth hon yn eglur olau a'r dull o gyflwyno yn hygyrch i bawb. Er enghraifft, wrth ystyried pwy oedd yn peryglu rhyddid Cristnogion Galatia dywedir: 'I ateb y cwestiwn hwnnw, rhaid gwneud gwaith ditectif a chwilio adnodau'r llythyr am gliwiau.' Hyfrydwch oedd cael eu harchwilio yn ei gwmni.

Dyna'r plentyn, a dyna'r dyn, a dyna'i gred. Deuthum yn gyfarwydd â'r Parchedig Maurice Loader yn gyntaf oll drwy fy nain yng nghyfraith, os oes y fath berthynas yn bod. Hi oedd mam-gu fy ngŵr. Roedd hi'n aelod ac yn organyddes yng Nghapel Als, Llanelli, a mawr oedd ei gwerthfawrogiad o'i gweinidog, y Parchedig Maurice Loader. Ond dros y blynyddoedd, ac yn enwedig felly yn ystod y blynyddoedd diwethaf hyn, deuthum i'w adnabod drosof fy hunan a'i gael yn faen gwerthfawr mewn hyn o fyd.

Yn ddiarwybod imi roedd ganddo ddiddordeb yn y carolau plygain, ac roedd wedi cystadlu ar gystadleuaeth yr oeddwn yn ei beirniadu yn Eisteddfod Genedlaethol Cymru Sir y Fflint a'r Cyffiniau 2007, sef llunio carol blygain draddodiadol. O'r 23 o garolau a ddaeth i'r gystadleuaeth yr oedd pedair ar y blaen mewn cystadleuaeth uchel ei safon. A'r enillydd? Bûm mewn cyfyng gyngor am ddyddiau yn ceisio torri'r ddadl rhwng Llechog ac Ab Edmwnd. Gan fod gwobr hael yn y fantol nid oeddwn am wneud cam â neb, ac roeddwn am fod yn hollol dawel fy nghydwybod ei bod hi'n iawn i un gael y wobr yn llawn ac i'r llall gael dim. Sylwedd, cynhesrwydd a gorfoledd Ab Edmwnd a'm denodd o'r diwedd. Pe gwyddwn mai'r Parchedig Maurice Loader a fyddai'n cipio'r llawryf – a'i fod hefyd yn ail iddo'i hunan – byddai wedi arbed llawer o ofid meddwl imi! Dyma fy sylwadau ar ei garol fuddugol:

Carol dan y teitl 'Cysurwch, cysurwch fy mhobol'. Mae gorfoledd y garol hon yn wefreiddiol. Seiliwyd hi'n gadarn ar yr Ysgrythurau a hoffais ei chyfeirio cyson a deallus at adnodau allweddol i Iachawdwriaeth. Hoffais yn enwedig y mydryddiad o'r Magnificat, sy'n agos iawn at fy nghalon ac sy'n rhan mor bwysig o wasanaeth plygain. Dyma garol sy'n canu drwyddi ac y mae cynhesrwydd ei ffydd yn neilltuol o apelgar.

Pleser o'r mwyaf yw cael gwrando ar 'Cysurwch!' yn cael ei chanu'n gyson yn y plygeiniau, a ffefryn arall i gynulleidfaoedd niferus y plygain yw'r garol 'Seiniau Gorfoledd', y ddwy i'w gweld yn y gyfrol hon.

Hyn, a mwy. Drwy ddeall y darnau fe ddown yn nes at ddeall yr awdur. Mae'n ŵr bonheddig, swil a chynnes, sy'n hoffi diwinyddiaeth a chelf a llenyddiaeth a hanes a phensaernïaeth dda. Yn ŵr eithriadol graff ei feddwl a'i farn, magodd ers yn ifanc iawn dynerwch ymadrodd a'r drugaredd honno y soniwyd amdani yng nghyd-destun y cardotyn tlawd.

Dyma ddyn sy'n caru Duw, a dyn y mae Duw a dyn yn ei garu.

EMYNAU

SAMARIAD

Tôn: Yorkshire

Nid fel y ddau yn nameg Iesu gynt
aeth o'r tu arall heibio ar eu hynt,
ond fel trugarog ŵr y galon driw
fu'n ymgeleddu'i frawd a thrin ei friw:
    Câr dy gymydog fel tydi dy hun
    can's Duw a'i creodd yntau ar ei lun.

Nid yn ddifater, pan fo'r dwrn a'r cledd
yn llethu cyd-ddyn ac yn rhwygo'i hedd,
na phan fo cri'r newynog ar ein clyw
yn datgan eu bod hwythau'n blant i Dduw:
    Câr dy gymydog fel tydi dy hun
    can's Duw a'i creodd yntau ar ei lun.

Nid fel y sawl sy'n canfod angen draw
heb sylwi ar y tlodi sydd wrth law,
gan bledio hawl y caeth ar orwel pell,
a'i anwybyddu gartref yn ei gell:
    Câr dy gymydog fel tydi dy hun
    can's Duw a'i creodd yntau ar ei lun.

Nid am fod caru'n rhwydd mewn unrhyw oes,
ond am fod caru'n rhaid yng ngolau'r groes,
heb grybwyll ffin nac un gwahanfur chwaith,
na hil, na lliw y croen, na llwyth nac iaith:
    Câr dy gymydog fel tydi dy hun
    can's Duw a'i creodd yntau ar ei lun.

TRYSTAN

Maurice Loader

Caradog Williams

14

fflam a___ o - leu - odd___ ein taith is___ y rhod; Nid

can - nwyll dan les - tr___ fu'r Eg - lwys___ o'i chrud,

16

DATHLU SEFYDLU EGLWYS

O Arglwydd, dyledus i ti yw pob clod
am fflam a oleuodd ein taith is y rhod;
nid cannwyll dan lestr fu'r Eglwys o'i chrud
ond anniffoddadwy oleuni i'r byd.

Clodforwn y mentrus hynafiaid o fri
aeth ati i godi hardd demlau i ti,
a molwn werinwyr, er tloted eu byw,
a fynnai mai'r gorau sy'n gweddu i Dduw.

Drwy hindda a hinddrwg daeth yma ryw rai
i wylaidd addoli, gan arddel eu bai,
a phwyso ar eiriau Efengyl a salm,
bryd hyn yn eu herio, bryd arall yn falm.

Daeth yma yn ddeuoedd frwd fachgen a merch
at allor yr Arglwydd i bledio eu serch,
a llawer sancteiddiwyd ar ddechrau eu hoes
yn nyfroedd y bedydd, dan arwydd y groes.

Ein braint yw cael diolch am wragedd a gwŷr
â'u hysbryd yn llariaidd a'u calon yn bur,
a blygodd ewyllys wrth blygu eu glin
yn nwyster sagrafen y bara a'r gwin.

Rhown ninnau, wrth ddathlu, ogoniant i Dduw,
gan gynnig Gwaredwr i'r sawl a rydd glyw;
Crist Iesu yn Arglwydd yw'n cyffes a'n cred,
ei enw cyhoedder, ac eled ar led!

GOBAITH

Dduw bendigaid, o'th drugaredd
   modd i fyw a gaed i'r trist,
ganwyd ni i obaith bywiol,
   atgyfodwyd Iesu Grist;
trechwyd angau hy a'i golyn,
   treiglwyd mwy na maen y bedd:
treiglwyd rhaib a gormes pechod
   ar eneidiau fyrdd, a'u hedd.

Ildiodd teyrnas grym ei gorsedd,
   cododd Crist y tlawd o'r ffos,
ef sy'n ymgeleddu'r truan
   ym mherfeddion eitha'r nos;
gobaith rydd i bawb sy'n credu,
   sicrwydd buddugoliaeth lwyr,
blaenffrwyth yw ei atgyfodiad –
   cawn oroesi yn yr hwyr.

Gobaith cwrdd tu hwnt i'r gorwel,
   cyfrin gyfarch heibio i'r ffin,
bwrw lludded wedi'r frwydyr,
   gorffwys mwy 'rôl cystudd blin;
oddi mewn i'r hardd drigfannau
   baratowyd fry i'r saint,
gwledd yn wir fydd nabod Iesu,
   heb un gorchudd: nefol fraint.

EMYN PASG

Heddiw, gyda gwawr y bore,
   cododd Crist o'i fedd yn fyw;
treiglwyd maen o enau'r ogof,
   llawenyched meibion Duw.
Seinied daear "Halelwia!"
   gorfoledded teulu'r ffydd;
engyl nef, O cenwch gytgan,
   cytgan bore'r Trydydd Dydd.

Heddiw, gyda gwawr y bore,
   gwelai Mair ei wyneb hardd;
torrwyd rhwymyn cnawd ac amser,
   rhodiodd Crist yn rhydd drwy'r ardd.
Seinied daear "Halelwia!"
   gorfoledded teulu'r ffydd;
engyl nef, O cenwch gytgan,
   cytgan bore'r Trydydd Dydd.

Heddiw, gyda gwawr y bore,
   tynnwyd colyn angau prudd;
eiddo Iesu'r fuddugoliaeth,
   daeth o ormes bedd yn rhydd.
Seinied daear "Halelwia!"
   gorfoledded teulu'r ffydd;
engyl nef, O cenwch gytgan,
   cytgan bore'r Trydydd Dydd.

Cyhoeddwyd yn Rhaglen Cymanfa Bedyddwyr
Caerfyrddin a Cheredigion, 1964.

Yn yr 1960au gynt, pan oeddwn yn weinidog ym Methesda, Llangennech, gofynnodd Mr Luther Davies, arweinydd y gân yn yr eglwys honno dros gyfnod o drigain mlynedd, imi lunio emyn ar dôn a gyfansoddwyd ganddo. Cydnabyddaf mai llestr i'r gair yw'r emyn-dôn, ond gan gymaint fy mharch i'r sawl oedd yn gofyn, ni allwn ei wrthod. O ganlyniad, euthum ati i lunio emyn ar sail yr hanesyn a geir yn Efengyl Ioan, pennod 5.

Delweddau'r Ysgrythur yw delweddau'r emyn, ac y mae rhywbeth cysurlon i mi yn yr hanesyn hwn. Am ganrifoedd bu Llyn Bethesda o'r golwg dan rwbel hen ddinas Jerwsalem, a neb yn siŵr o'i leoliad. Yn wir, roedd ambell feirniad mwy eithafol na'i gilydd wedi mynd i awgrymu mai ffrwyth dychymyg yr awdur oedd y llyn! Ond yr oedd Ioan wedi nodi ei leoliad gyda chyfarwyddiadau hynod o fanwl: 'Y mae yn Jerwsalem, wrth Borth y Defaid, bwll a elwir Bethesda yn iaith yr Iddewon, a phum cyntedd colofnog yn arwain iddo.' Yna, ar ôl bod ar goll am ganrifoedd, darganfuwyd olion y llyn gan archaeolegwyr, gerllaw eglwys y Santes Anna yn ninas Jerwsalem, gan ategu dilysrwydd hanesyddol Efengyl Ioan.

Wrth imi ddarllen yr hanes, gwelais fel yr oedd cyfeiriad Ioan at y 'dyrfa o gleifion, yn ddeillion a chloffion a phobl wedi eu parlysu' yn gorwedd yn y cynteddau yn disgwyl am iachâd, yn ffitio cyflwr eglwysi Cymru fel maneg, a'r darlun o'r claf a fu'n wael am ddeunaw mlynedd ar hugain yn goglais y dychymyg. Aethai cenhedlaeth heibio, a'r gobaith am iachâd yn cyflym gilio. Mewn sefyllfa a oedd i bob golwg yn anobeithiol, yr oedd y cwestiwn a anelwyd at y claf yn dreiddgar: "A wyt ti'n dymuno cael dy wella?" Yr 'atgyfodedig Ŵr', ac ef yn unig, a ŵyr sut y mae procio'r ewyllys gwsg, a phwy a wad nad dolur yr ewyllys yw dolur Cymru?

Ym Methesda, Llangennech, parheir i ganu'r emyn ar dôn Mr Luther Davies, sef 'Llyn Bethesda'. Wedi'r cyfan, dyna hir arfer yr eglwys. Tôn arall a geir yn *Caneuon Ffydd*, sef y dôn 'Alice' o waith y diweddar Tom Thomas (1884–1959). Ond bob tro y clywaf yr emyn yn cael ei ganu – a phrin yw'r achlysuron hynny! – miwsig persain a chyfraniad swmpus Luther Owen Davies sy'n canu yn fy nghlust.

LLYN BETHESDA

LUTHER O. DAVIES

O tyred, raslon angel Duw,
  cynhyrfa'r dyfroedd hyn
lle'r erys gwywedigion bro
  amdanat wrth y llyn:
ni feddwn neb i'n bwrw i'r dŵr
  i'n golchi a'n hiacháu;
tydi yn unig fedd y grym,
  O tyred, mae'n hwyrhau.

Yn nhŷ trugaredd aros wnawn
  â hiraeth dan bob bron
am nad oes cyffro yn y llyn,
  nac ymchwydd yn ei don:
pwy ŵyr nad heddiw deui di
  drwy'r pyrth i lan y dŵr?
Tydi yn unig fedd y grym,
  atgyfodedig Ŵr.

PAN GURO'R STORM

Tôn: Deep Harmony

Pan guro'r storm ar draws ein byw,
ti, Iesu'r Crist, sydd wrth y llyw;
ti yw ein hangor, blant y llawr,
ti yw ein craig ar gyfyng awr.

Fry uwch y ddrycin, clyw ein cri,
at bwy yr awn ond atat ti?
Bywyd tragwyddol ynot sydd,
goncwerwr angau, nertha'n ffydd!

Cerydda'r gwynt, O Arglwydd Iôr,
gostega ymchwydd gwyllt y môr,
rho inni weld y gorwel draw
tu hwnt i'n dagrau hallt a'n braw.

Daw, fe ddaw'r awr cawn olwg glir
ar hafan deg mewn arall dir,
lle mae i'r saint amgenach stad,
gorffwysfa wiw yr hyfryd wlad.

SUL Y BEIBL

Arglwydd Dduw, ein dyled dalwn
    am ddarparu, yn ein hiaith,
fywiol eiriau'r Ysgrythurau
    inni'n ganllaw ar ein taith.
Trwyddynt cawsom synfyfyrio
    uwch y sanctaidd-stori ddrud:
caed Gwaredwr i bechadur,
    gobaith i druenus fyd.

Ynddynt clywsom lais y proffwyd
    yn cyhoeddi gair ein Duw:
amod twf yw edifeirwch –
    "Ceisiwch fi, a byddwch fyw."
Clywsom hefyd felys atsain
    nodau cerdd y salmydd cân
yn dyrchafu'n eneiniedig
    fawl i enw'r Arglwydd glân.

Llawer, llawer mwy yw'n dyled
    am ddatguddio gwir Fab Duw
wisgodd gnawd mewn isel breseb,
    Iesu Grist, ein Harglwydd yw!
Rhoes ei hun yn aberth trosom,
    goresgynnodd wawd a phoen,
byth er dydd ei atgyfodiad
    trech na'r eryr yw yr Oen.

Dathlwn y rhyfeddol olud
    gaed yn waddol drwy dy air,
talwn iti lwyr wrogaeth
    fel disgyblion i Fab Mair;
mwy llawenydd ddaw in eto
    pan ddaw Cymru at ei choed,
gan gydnabod Iesu'n Arglwydd
    ac ymostwng wrth ei droed.

EMYN Y CARCHAROR CYDWYBOD

Tôn: Haslemere (Cariad Duw yng Nghrist)

Esgyn wna dy fflam,
  gannwyll frau, i'r sêr,
er bod pigau dur
  am dy galon wêr.

Gwan dy olau di,
  bregus, eiddil yw;
tarddu wna, er hyn,
  yng ngoleuni Duw.

Ernes wyt i'r byd
  er pob gormes hy,
y daw toriad gwawr
  wedi hirnos ddu.

Ffyddiog wawl dy fflam
  ddwg, i dywyll gell
carcharorion Crist,
  gred mewn bywyd gwell.

Gwybu yntau gynt
  garchar llaw a ffêr,
brath y pigau dur,
  briw y galon wêr.

EMYN PRIODAS

Tôn: Wiltshire

Dy wên a geisiwn, Arglwydd Dduw,
  ar ddydd y briodas hon,
a boed pob calon sy'n dy dŷ
  yn ddedwydd ac yn llon.

Nid rhamant bas na ffawd a ddug
  y ddeuddyn hyn ynghyd,
ond didwyll serch dau enaid gwiw,
  a heddiw, gwyn eu byd!

Wrth nesu at dy allor lân,
  O Arglwydd, gwrando'n llw,
a dyro glust, fendigaid Iôr,
  i'w haddunedau nhw.

Sancteiddia serch, cysegra fryd
  dau enaid hoff cytûn;
â'th gariad seria galon dau,
  a'u toddi mwy yn un.

O cadw hwy yn rhwymyn tyn
  y cwlwm heddiw wnaed,
a boed i'r ddeuddyn rodio mwy
  yn niogel ôl dy draed.

MEIDRIM

Maurice Loader

Caradog Williams

2

Bawb â'i bri-od ran yn nra ma'r An - tur Fawr.
Gwna ni'n rhan an - na-tod o'th dra-gwy - ddol We.

Ti'r Gwin-llan - wr oes - ol,
Rho - ddaist in' Wa - re - dwr,

der-byn ein mawr-had, Try-sor roed i'n go - fal ni yw Cym-ru'n
Ie - su'r Arg-lwydd yw, Mab dy fyn-wes dre-ngodd fel y ca-ffom

27

gwlad;   Hardd win-wy-dden gaw - som,   rho-ddwn faeth i'w thir,
fyw;   Hoe-liwn ly - gad ar - no,   dar - fu'n crwy-dro ffôl,

cresc.

Ca - dw hi'n imp - ie - dig i'r Win - wy - dden wir.
Ond cael ef i'n ty - wys, ment-rwn ar ei ôl.

mf

1.   2. **Rall.**

Men-trwn ar___ ei ôl.

1.   2. **Rall.**

cresc.

f

TI, O DDUW A'N CREODD

Ti, O Dduw a'n creodd ar dy ddelw a'th lun,
lluniaist fyd yn llwyfan d'arfaeth di dy hun;
ar dy gyfarwyddyd gweithiwn ninnau'n awr,
pawb â'i briod ran yn nrama'r Antur Fawr.

Ti'r Gwinllannwr oesol, derbyn ein mawrhad,
trysor roed i'n gofal ni yw Cymru'n gwlad;
hardd winwydden gawsom, rhoddwn faeth i'w thir,
cadw hi'n impiedig i'r Winwydden wir.

Cymer, Wehydd dwyfol, edau'n heinioes frau,
cryf dy afael ynddi, fyth nid yw'n llesgáu;
nydda ni ar dröell dy ragluniaeth gre' –
gwna ni'n rhan annatod o'th dragwyddol We.

Rhoddaist in Waredwr, Iesu'r Arglwydd yw,
Mab dy fynwes drengodd fel y caffom fyw;
hoeliwn lygad arno, darfu'n crwydro ffôl,
ond cael ef i'n tywys, mentrwn ar ei ôl.

RHO GYFLE I'R SANCTAIDD

Rho gyfle i'r sanctaidd mewn sgwrs â Duw Iôr,
trig ynddo'n wastadol â'i air iti'n stôr;
plant Duw fydd dy gwmni, rho nodded i'r gwan,
ym mhob dim cais ganddo ei fendith yn rhan.

Rho gyfle i'r sanctaidd er carlam y byd,
tydi, yn y dirgel, a Iesu ynghyd;
os sylli ar Iesu daw delw ei lun
yn eglur i'th gyd-ddyn yn d'osgo dy hun.

Rho gyfle i'r sanctaidd yng nghydiad ei law,
paid mentro cam hebddo beth bynnag a ddaw;
boed wynfyd neu alar, bydd driw i Fab Mair,
a'th olwg ar Iesu, bydd ffyddlon i'w air.

Rho gyfle i'r sanctaidd, myn heddwch â Duw,
mewn meddwl a bwriad boed ef wrth y llyw,
cei'r Ysbryd yn ffynnon, a'th wyneb a dry
at freiniol wasanaeth y drigfan sydd fry.

Cyfieithiad o 'Take time to be holy'
gan William Dunn Longstaff, 1822–94

CAROLAU

O DEWCH, NESEWCH

Tôn: Andalusia

O dewch, nesewch,
gredinwyr fawr a mân
a seiniwch lawen gân;
pob enaid byw, rhowch fawl i Dduw,
  ein Prynwr yw efe.
Ar noson lem ym Methlehem
  y ganwyd Ceidwad byd;
heb gannwyll wêr, dan olau'r sêr,
ynghanol gêr y stabal flêr,
  Duw Nêr mewn amrwd grud!

I Dduw bo'r clod!
Y Gair a ddaeth yn gnawd!
I'r Cristion ar ei rawd
ei gyffes fo, o fro i fro,
  fod ganddo Iesu'n Frawd.
Daeth nefol aer yn Fab y Saer,
  fe wawriodd teyrnas nef;
a'n gweddi yw gerbron ein Duw:
dy dystion gwyw cod eto'n fyw
  O clyw, rho glust i'n llef!

Croesawn, croesawn
ddydd geni Baban Mair
mewn isel wely gwair;
Gwaredwr yw i'r ddynol ryw,
  etifedd Duw'n y nef.
Ar noson oer dan olau'r lloer
  caed gan yr engyl gân,
a ninnau'n awr, wan deulu'r llawr,
ddisgwyliwn awr rhyw newydd wawr:
  O tyrd, ein Harglwydd glân.

AR DANGNEFEDD MEYSYDD BETHLEM

Ar dangnefedd meysydd Bethlem
    torrodd sain angylaidd gôr
wrthi'n canu'r anthem, "Gloria" –
    gogonedder Arglwydd Iôr!
    Gogonedder Arglwydd Iôr!
Newydd da a draethwyd ganddynt:
    "Ganwyd Ceidwad i'r holl fyd;
    ganwyd Iesu! Ganwyd Iesu y Meseia!
Ganwyd Iesu, y Meseia!
    Mab i Dduw mewn isel grud."

Llwm fugeiliaid gwlad Jwdea
    wrthi'n gwarchod yn ddi-baid,
ond os rhaid oedd gwylio'r defaid,
    clywsant gri amgenach rhaid;
    clywsant gri amgenach rhaid.
"Heddiw, draw yn ninas Dafydd,
    ganwyd Ceidwad i'r holl fyd;
    Ganwyd Iesu! Ganwyd Iesu y Meseia!
Ganwyd Iesu, y Meseia!
    Mab i Dduw mewn isel grud."

Doethion hefyd ddaeth o'r dwyrain
    â'u gwrogaeth at y crud –
aur a thus a myrr yn ddrudfawr
    offrwm hael i Geidwad byd;
    offrwm hael i Geidwad byd.
Llawenfloeddiwch oll yn unfryd
    ddyfod Ceidwad i'r holl fyd:
    "Ganwyd Iesu! Ganwyd Iesu y Meseia!
Ganwyd Iesu, y Meseia!
    Mab i Dduw mewn isel grud."

CARIAD DUW MEWN CRUD

Gellir canu'r geiriau ar 'Troyte'

Ceir llewyrch ffydd 'n arwydd yn y nen,
a'r seren fry ddwed fod Duw uwchben;
tyr, fe dyr y wawr ar ein truan fyd
trwy faban bach, cariad Duw mewn crud.

Ewyllys Duw wneir ar dir a môr
a chân y gwynt gytgan gref yr Iôr;
syrth pob mur i'r llawr – mur rhaniadau byd
trwy faban bach, cariad Duw mewn crud.

I'r ddynol ryw, balmaidd wawr a gaed
a chafwyd craig gadarn dan ein traed;
tristwch mwy ni ŵyr led y byd na'i hyd
trwy faban bach, cariad Duw mewn crud.

A bydd hyn oll yn digwydd oherwydd bod y byd i gyd yn
disgwyl . . . yn disgwyl am un plentyn – du . . . gwyn . . . melyn . . . 'does
neb yn gwybod . . . plentyn a dyf yn ddyn ac a dry ddagrau'n llawenydd,
casineb yn gariad, rhyfel yn heddwch, a phawb yn gymydog i'w gilydd. A
bydd trueni a dioddefaint yn eiriau i'w hanghofio dros byth.

Breuddwydion dyn, hwythau ddônt yn wir –
er pelled ŷnt – rywbryd cyn bo hir:
tyr, fe dyr y wawr ar ein truan fyd
trwy faban bach, cariad Duw mewn crud.

Cyfaddasiad o 'When a child is born',
y geiriau Saesneg gan Fred Jay, 1914–88

CAROL GALYPSO

Wele'n gorwedd ar ei wely gwair
mewn stabal ddrafftiog, y mae'r dwyfol Aer;
tirion Faban roed yng nghesail Mair,
Tywysog gogoneddus Duw.

Cytgan:
    O na chawn i fynd i Fethlehem
    i weld y Crist, y ddisglair em;
    llwm yw'r stabal, ond mor fwyn ei drem!
    Tywysog gogoneddus Duw.

Seren arian, dyro d'olau clir
ar breseb Iesu draw ym Methlem dir;
cod fugeiliaid bro o'u syrthni hir
i weld Gwaredwr dynol-ryw.

Engyl, cenwch 'rhen fendigaid gân
a ddwg ogoniant Duw i fawr a mân;
cenwch am yr iachawdwriaeth lân
a ddaeth trwy Faban Bethlehem.

Cyfieithiad o garol gan Michael A. Perry, 1942–96

Geiriau: Michael Perry © Mrs B Perry / The Jubilate Group. www.jubilate.co.uk
DEFNYDDIWYD TRWY GANIATÂD

CAROL GROESO

Blin fu'r nos a'r disgwyl
 i'r bugeiliaid syn;
Oen, a'i wlân fel eira,
 ddaeth dros ben y bryn.

Gwyn oedd crib y mynydd,
 llym y gwynt – a thaer;
Duw, o dan y gaenen,
 blannodd rosyn aur.

Llwyd a blin y gaeaf,
 oer y preseb gwair;
yno, dan y seren
 ganed Baban Mair.

Croeso, nefol oenig,
 croeso, euraid ros,
croeso, wynnaf faban –
 gwawr yn ymlid nos!

Cyfieithiad o garol gan William Canton, 1845–1926

CAROL Y GATH A'R LLYGODEN

Meddai'r gath gynffon bwt yn ei chartref bach twt
mewn hen stabal oer yn y dref:
"O paham, dybiwch chi, y mae'r un seren fry'n
fwy disglair na holl lu y nef?"

Cytgan: A thros riniog dôr, seiniai engyl gôr:
          "Disgynnodd Cariad i'n byd!"
          A thros riniog dôr seiniai engyl gôr
          pan ddaeth Iesu'r Brenin i'w grud.

Y llygoden trwy'r gwair welai hardd wyneb Mair
a llawenydd a lanwai ei gwedd;
"O, pwy ŵyr," meddai hi, "nad yw'r seren sydd fry
yn arwydd i ninnau o hedd?"

Daeth bugeiliaid rhos at y crud yn y nos
gan ddwyn rhoddion i Dduwdod mewn gwair,
a chan sylwi yn syn uwch y bwndel bach gwyn
ar y wên oedd ar fwyn wyneb Mair.

I'r llygoden a'r gath, fu 'na 'rioed ddim o'r fath
â chaneuon Mair dlos i'w Mab gwiw,
wrth anwesu i'w chrud Waredwr y byd:
yr Iesu, dewisol Fab Duw.

Cyfieithiad o garol gan Ted Hutchinson

CWSG, FY MABAN (SUO-GÂN)

Tôn: Silver threads among the gold

Cwsg, fy maban, yn dy breseb,
 cwsg, a gorffwys yn dy grud;
cwsg, fy maban, yn dy breseb,
 cwsg, O cwsg, Waredwr byd.
Mwyn fugeiliaid sydd o'th gwmpas,
 plygu wnânt o gylch dy grud;
cwsg, fy maban, yn dy breseb,
 cwsg, O cwsg, Waredwr byd.

Cwsg nes torro gwawrddydd arall
 draw dros wlad Jwdea i gyd;
cwsg, fy maban, yn dy breseb,
 cwsg, O cwsg, Waredwr byd.
Daeth y doethion â'u hanrhegion,
 thus a myrr, a'r aur sydd ddrud;
cwsg, fy maban, yn dy breseb,
 cwsg, O cwsg, Waredwr byd.

Cwsg ym meudy'r ych a'r asyn,
 cwsg, mae'r engyl uwch dy grud;
cwsg, fy maban, yn dy breseb,
 cwsg, O cwsg, Waredwr byd.
Herod greulon ni ddaw yma,
 Duw a'th geidw rhag ei lid;
Cwsg, fy maban, yn dy breseb,
 cwsg, O cwsg, Waredwr byd.

CAROL Y PLANT BACH LLEIAF

Tôn: Pwy wnaeth y sêr uwchben?

Ble ganed Iesu mwyn,
    yr Iesu mwyn, yr Iesu mwyn?
Ble ganed Iesu mwyn?
(Pawb)   Ym Methlehem.

Ble roedd y llety llwm,
    y llety llwm, y llety llwm?
Ble roedd y llety llwm?
(Pawb)   Ym Methlehem.

Ble roedd y preseb gwair,
    y preseb gwair, y preseb gwair?
Ble roedd y preseb gwair?
(Pawb)   Ym Methlehem.

Ble roedd y seren fry
    y seren fry, y seren fry?
Ble roedd y seren fry?
(Pawb)   Ym Methlehem.

Ble roedd bugeiliaid syn,
    bugeiliaid syn, bugeiliaid syn?
ble roedd bugeiliaid syn?
(Pawb)   Ym Methlehem.

Ble roedd y tri gŵr doeth,
    y tri gŵr doeth, y tri gŵr doeth?
Ble roedd y tri gŵr doeth?
(Pawb)   Ym Methlehem.

Ble roedd yr engyl gôr,
   yr engyl gôr, yr engyl gôr?
Ble roedd yr engyl gôr?
(Pawb)   Ym Methlehem.

Ble roedd yr Iesu mwyn?
   yr Iesu mwyn, yr Iesu mwyn?
Ble roedd yr Iesu mwyn?
(Pawb)   Ym Methlehem.

CWSG IESU

Cwsg Iesu, cwsg yn glyd
yn dy isel grud,
cwsg heibio'r braw a'r llid,
cwsg er trais y byd.
Er pob gwae, a phob anhyfryd sain,
er bod cledd yn rhydd o'r wain,
cwsg ymlaen.
Fe leddfir sŵn pob ofn a chur,
cwsg ymlaen, cwsg ymlaen, cwsg ymlaen.
Cwsg Iesu, cwsg yn rhydd,
cwsg, paid bod yn brudd;
cwsg gyda'th freuddwyd cudd,
cwsg, fe ddaw dy ddydd:
daw dydd poen a loes,
dydd garw groes.
Er pob pryder er dy fwyn,
cwsg yn fwyn –
daw'r trydydd dydd,
cei godi'n rhydd:
cwsg yn fwyn, cwsg yn fwyn, cwsg yn fwyn.
Cwsg Iesu, cwsg yn glyd
yn dy isel grud;
cwsg heibio'r braw a'r llid,
cwsg er trais y byd.

Cyfaddasiad o 'Cwsg Osian' allan o'r opera werin *Nia Ben Aur*.
© Cyhoeddiadau Sain

CYDLAWENHAWN

Tôn: Joy to the World

Cydlawenhawn! fe ddaeth yr Iôr!
  Croesawn ein Brenin mawr!
I galon dyn agorwyd dôr,
  O caned teulu'r llawr!
  O caned teulu'r llawr!
O caned, O caned teulu'r llawr!

Cydlawenhawn, ein Ceidwad ddaeth!
  O taenwn hyn ar goedd;
ar fryn a dôl, dros fôr a thraeth,
  atseinied llawen floedd,
  atseinied llawen floedd,
atseinied, atseinied llawen floedd!

Ni bydd na drain, na chalon friw,
  na chlais, na llidus glwy' –
can's daeth y Crist â'i fendith wiw
  i ymlid melltith mwy,
  i ymlid melltith mwy,
i ymlid, i ymlid melltith mwy.

Gras a gwirionedd Crist o'r nef
  a lywodraetha'r byd,
dan faner ei gyfiawnder ef
  a gwyrthiau'i gariad drud,
  a gwyrthiau'i gariad drud,
a gwyrthiau, a gwyrthiau'i gariad drud.

CYSURWCH, CYSURWCH FY MHOBOL

Geiriau gan y Parch. Maurice Loader

Cerddoriaeth gan Caradog Williams

Os defnyddir lleisiau dynion yn unig,
caner y nodau bâs a nodir gyda ( )

2

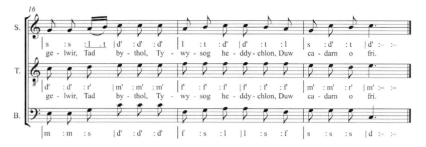

S.

| s : s : l , t | d' : d' : d' | l : t : d' | d' : t : l | s : d' : t | d' :– :– |
| ge - lwir, Tad | by - thol, Ty - | wy - sog he - | ddy-chlon, Duw | ca - darn o | fri. |

T.

| d' : d' : r' | m' : m' : m' | f' : f' : f' | f' : f' : f' | m' : m' : r' | m' :– :– |
| ge - lwir, Tad | by - thol, Ty - | wy - sog he - | ddy-chlon, Duw | ca - darn o | fri. |

B.

| m : m : s | d' : d' : d' | f : s : l | l : s : f | s : s : s | d :– :– |

2. "Mawrygaf yr Arglwydd", medd Mair wynfydedig,
   "Am wneuthur ohono fawr bethau i mi,
   Gwasgarodd wŷr talog a'r beilchion eu calon
   A diosg t'wysogion o'u gorsedd a'u bri.
   Grymuster ei freichiau sy'n cynnal ein beichiau,
   Dyrchafodd Duw Iôr y rhai isel eu stad,
   Gan yrru'r cyfoethog o'i ŵydd yn anghenog
   A llwytho'r newynog â'i roddion yn rhad."

3. Ym Methlem cyflawnwyd addewid yr oesau:
   Daeth Iesu i lwyfan helbulus ein byd;
   Er gwaetha'r bygythiad gan Herod a'i giwed
   Y Baban a orfu, er ised ei grud.
   Daeth gwerin cymdogaeth i dalu gwrogaeth,
   A doethion o hirbell â'u haur, thus a myrr;
   Addewid Duw graslon sydd ddiogel a chyson,
   Ei air nid yw wamal, ei amod ni thyr.

4. "Er cwymp a chyfodiad i lawer yn Israel"
   Aeth Iesu â'i neges o bentref i dref;
   Fe gwympodd rhagrithwyr dan fflangell ei gerydd,
   A chodwyd trueiniaid o'r ffos gan ei lef.
   Ei air oedd angerddol, ei wyrthiau yn nerthol,
   Ac ildiodd disgyblion i gri'r alwad fawr;
   Roedd yntau'n synhwyro fod rhywrai'n cynllwynio,
   Fod croes ar y gorwel, a dyfod ei awr.

5. Dwy deyrnas fu'n brwydro ar ben Bryn Calfaria:
   Llu Cesar yn herio holl rym teyrnas nef;
   Fe hoeliwyd y Gwas Dioddefus ar groesbren,
   Ond un a orchfygodd, a Iesu oedd ef!
   I'r Arglwydd rhown foliant, a seiniwn ei haeddiant,
   Mewn carol o fawl i arloeswr ein ffydd;
   Y gelyn a drechwyd, can's Iesu a godwyd
   O'r bedd a'i dywyllwch i wawr Trydydd Dydd.

45

CYSURWCH, CYSURWCH FY MHOBOL (3 llais)

Maurice Loader

Caradog Williams

* y nodau isaf i'w canu os defnyddir lleisiau dynion yn unig

CYSURWCH, CYSURWCH FY MHOBOL

Cysurwch, cysurwch fy mhobol, a bloeddiwch:
  fe dorrodd y wawr, wedi oedi mor hir;
i werin dan orchudd y fagddu fe roddwyd
  cipolwg ar lewyrch o Fethlehem dir:
y forwyn feichiogodd, ar faban esgorodd,
  Imanwel a anwyd, "mae Duw gyda ni";
Cynghorwr rhyfeddol y'i gelwir, Tad bythol,
  Tywysog heddychlon, Duw cadarn o fri.

"Mawrygaf yr Arglwydd," medd Mair wynfydedig,
  "am wneuthur ohono fawr bethau i mi:
gwasgarodd wŷr talog a'r beilchion eu calon
  a diosg t'wysogion o'u gorsedd a'u bri.
Grymuster ei freichiau sy'n cynnal ein beichiau,
  dyrchafodd Duw Iôr y rhai isel eu stad,
gan yrru'r cyfoethog o'i ŵydd yn anghenog
  a llwytho'r newynog â'i roddion yn rhad."

Ym Methlem cyflawnwyd addewid yr oesau:
  daeth Iesu i lwyfan helbulus ein byd;
er gwaetha'r bygythiad gan Herod a'i giwed,
  y Baban a orfu, er ised ei grud.
Daeth gwerin cymdogaeth i dalu gwrogaeth,
  a doethion o hirbell â'u haur, thus a myrr;
addewid Duw graslon sydd ddiogel a chyson,
  ei air nid yw wamal, ei amod ni thyr.

'Er cwymp a chyfodiad i lawer yn Israel'
  aeth Iesu â'i neges o bentref i dref;
fe gwympodd rhagrithwyr dan fflangell ei gerydd,
  a chodwyd trueiniaid o'r ffos gan ei lef.
Ei air oedd angerddol, ei wyrthiau yn nerthol,
  ac ildiodd disgyblion i gri'r alwad fawr;
roedd yntau'n synhwyro fod rhywrai'n cynllwynio,
  fod croes ar y gorwel, a dyfod ei awr.

Dwy deyrnas fu'n brwydro ar ben Bryn Calfaria:
llu Cesar yn herio holl rym teyrnas nef;
fe hoeliwyd y Gwas Dioddefus ar groesbren,
ond un a orchfygodd, a Iesu oedd ef!
I'r Arglwydd rhown foliant, a seiniwn ei haeddiant
mewn carol o fawl i arloeswr ein ffydd;
y gelyn a drechwyd, can's Iesu a godwyd
o'r bedd a'i dywyllwch i wawr Trydydd Dydd.

GAN BLYGU WRTH EI BRESEB

I Fethlehem daeth Iesu Grist
  yn faban bach di-nam,
ac enw ei dad oedd Joseff,
  a Mair oedd enw'i fam.

O Nasareth y daethant
  ar siwrne flin a maith,
ac am na chawsant lety
  bu'n rhaid wrth ogof laith.

Ac yno, yn y preseb,
  mewn gwely clyd o wair,
yng nghwmni'r ych a'r asyn,
  y dodwyd baban Mair.

Uwchben roedd seren ddisglair
  yn loetran uwch y lle
i nodi'r fan i'r doethion
  lle ganwyd Brenin Ne'.

Gerllaw roedd glew fugeiliaid
  yn gwylio'u praidd liw nos,
a'r engyl hwythau'n canu
  "Gogoniant" uwch y rhos.

At Iesu deuwn ninnau,
  blant bach o Gymru wen,
gan blygu wrth ei breseb
  rhown goron ar ei ben!

GWAHODDIAD I FETHLEHEM

Dewch gyda ni i Fethlehem
  i ddathlu geni Crist,
gan gofio'r modd y torrodd gwawr
  ar fyd dolurus, trist.

Dewch gyda ni i'r llety llawn,
  a'i ddrws di-groeso ynghau,
a'r ymchwil daer nes canfod lle
  yn llety'r ych i'r ddau.

Dewch gyda ni i'r stabal llwm,
  a'i breseb pren a'i wair,
gan ddwyn i gof mai dyna'r crud
  a gafodd Baban Mair.

Dewch gyda ni i graffu fry
  ar seren olau glaer,
a doethion dri'n offrymu rhodd –
  sef thus a myrr ac aur.

Dewch gyda ni i'r meysydd draw
  ar lethrau'r waun a'r rhos,
lle canfu gwylwyr craff y praidd
  lu'r engyl yn y nos.

Dewch gyda ni i ddathlu'n frwd
  ddyfodiad Duw i'n byd,
gan ddwyn ein hoffrwm ninnau oll,
  a phlygu wrth ei grud.

Y FFORDD FACH GUL I FETHLEHEM

Pan gerddwn lawr y ffordd yn hwyr y dydd,
yr ŵyn a ddeuai adref dros y ffridd,
ar alwad cloch y bugail, mwyn ei drem,
ar hyd y ffordd fach gul i Fethlehem.

A thrwy agoriad drws, ger gwely gwair,
fe glywais ganig dlos yr addfwyn Fair;
yr ŵyn yn hwyr y dydd oedd pwnc ei chân,
wrth siglo amrwd grud ei baban glân.

"Mae'r ŵyn yn dychwel," canai Mair yn gain,
a llanwai'r gloch yr aer â'i harian sain,
"Dy Seren aur, dy Seren aur sy'n ddisglair, ddisglair fry,
O cwsg, fy Mrenin bach, fy maban cu."

Pan gerddwn lawr y ffordd yn hwyr y dydd,
yr ŵyn a ddeuai adref dros y ffridd,
ar alwad cloch y bugail, mwyn ei drem,
ar hyd y ffordd fach gul i Fethlehem.

Cyfieithiad o'r garol 'The little road to Bethlehem'
gan Margaret Rose, m. 1958
© BOOSEY AND HAWKES. DEFNYDDIWYD TRWY GANIATÂD

GWROGAETH A DALWN

Gwrogaeth a dalwn i Grëwr ein byd,
ac Awdur ei frith greaduriaid i gyd;
uchafbwynt a champwaith ei gread yw Dyn
a luniwyd gan Dduw ar ei ddelw a'i lun;
darganfu yn Eden baradwys wir hardd,
ac yna ei cholli yng nghodwm yr ardd,
can's torrwyd y cwlwm rhwng dynion a Duw
pan lygrwyd dynolryw gan bechod a'i friw.

Cyfamod o'r newydd, medd proffwyd, a wneir,
o bren crin y boncyff blaguryn a geir,
a changen addawol a gyfyd o'r gwraidd:
cyff Jesse rydd eto Ben-bugail i'r praidd,
a hen ddinas Dafydd, er lleied ei maint,
yn ddinas frenhinol drachefn – y fath fraint!
Can's yno y genir Gwaredwr y byd,
Crist Iesu, cyflawnder yr oesau i gyd.

Mor amrwd ei breseb ac isel ei stad,
a Herod yn unben ar fywyd y wlad;
er hynny fe gafodd ar fynwes ei fam
lochesu rhag dichell a'i gadw rhag cam;
i'r stabal daeth atynt o'r meysydd gerllaw
y gwylaidd fugeiliaid mewn arswyd a braw,
a hwythau'r seryddion, gan ddwyn offrwm drud
yn deyrnged haeddiannol o amgylch ei grud.

Prif fyrdwn ei neges pan dyfodd yn ddyn
oedd Duw yn teyrnasu ar fywyd pob un,
boed bonedd neu werin, boed satyr neu sant,
yr un oedd ei bwyslais, gan daro'r un tant;
estynnai drugaredd i'r truan a'r gwan,
a cherydd yn llym i'r trahaus ymhob man,
heb flewyn ar dafod fe heriodd bob drwg,
heb geisio gwên dynion nac ofni eu gwg.

Nid dedfryd gan Peilat na Chaiaffas chwaith
a bennodd ei dynged ar ddiwedd y daith,
ond dwyfol ragluniaeth a drefnodd mai'r groes
a ddwg fuddugoliaeth ar bechod pob oes;
mor flin fu'i ddioddefaint ar drostan o bren,
mor bigog y ddraenen yn bleth ar ei ben;
ond coron y cyfan, a sylfaen ein hedd,
yw gwyrth atgyfodiad Crist Iesu o'r bedd.

MI GANAF AM YR IESU

Tôn: Dwelling in Beulah Land (C. Austin Miles)

Gynt yn ninas Bethlehem y ganwyd baban tirion,
gorwedd wnaeth ar wellt yr ych, a phreseb oedd ei grud,
arwr bugail tlawd oedd ef, a gwrthrych serch y Doethion –
Iesu Grist yw Ceidwad holl blant y byd.

Cytgan: Mi ganaf am yr Iesu, deued bendith, deued loes, (canaf)
mi ganaf am yr Iesu, doed llwyddiant neu doed croes, (canaf)
mi ganaf am yr Iesu, ef yw gobaith gwyn pob oes,
efe yw Ceidwad holl blant y byd.

Draw ym Mhalesteina dlos y treuliodd Iesu'i ddyddiau,
gweithio wnaeth yn siop y saer yn llencyn teg ei fryd,
cyfaill oedd i blant y fro ar hyd ei fyr flynyddau –
Iesu Grist yw Ceidwad holl blant y byd.

Fry ar groes Calfaria fryn fe faeddodd Iesu angau,
maddau wnaeth i ddynol-ryw eu beiau mawr i gyd;
maddau unwaith eto, Dad, ein holl bechodau ninnau –
Iesu Grist yw Ceidwad holl blant y byd.

MOLIANNWN DI

Moliannwn di, Arglwydd, Creawdwr y byd
ac oesol Gynhaliwr ei fywyd i gyd;
fe'i lluniaist yn llwyfan i'r holl ddynol-ryw
gael rhannu anturiaeth y fraint o gael byw.

Daeth codwm yn Eden i sarnu yr Ardd,
ein Gwynfa a gollwyd pan lygrwyd pob hardd,
ond cawsom Waredwr rhag adfyd mor drist
yn Iesu dihalog, y bendigaid Grist.

Fe'i ganed mewn stabal ym Methlehem dref,
a rhastal anifail fu'n grud iddo ef;
mor rhyfedd gweld 'sblander y Duwdod mewn cnawd
a gwisgo'r Etifedd mewn cadach mor dlawd!

Bugeiliaid y meysydd a'r defaid â'u bref,
seryddwyr o'r dwyrain â'u harwydd o'r nef,
a Joseff a'i wyryf yn tystio ynghyd
i wyrthiol ddyfodiad Gwaredwr y byd.

Y llwybr a gerddodd 'rôl tyfu yn ddyn
oedd llwybr y Gwas Dioddefus ei hun;
daeth awr ei ddyrchafu ar drostan y groes
gan eiriol dros elyn, er dyfned ei loes.

Yn llawen clodforwn Dywysog ein hedd,
gorchfygwr pob Herod, concwerwr y bedd;
mewn bythol ogoniant, y tu hwnt i'r llen,
yr engyl sy'n seinio eu clodfawr Amen!

NEGES GABRIEL

O'r nef daeth Gabriel, a'i drem yn dân,
gan ddod ar adain chwim, liw'r eira mân;
"Henffych," eb ef, "Faria ostyngedig,
Bendigaid wyt 'mhlith gwragedd."
                                        Gloria!

"Yn Fam fendigaid mwyach gelwir di,
y cenedlaethau rydd it fawl a bri;
on'd gwir y Gair? Emanŵel a anwyd,
bendigaid wyt 'mhlith gwragedd."
                                        Gloria!

Mor ŵyl ei threm y plygai'r addfwyn Fair:
"Boed imi fel y mynno'r dwyfol Air;
rhydd f'enaid glod a mawl i'w sanctaidd enw,
bendigaid wyf 'mhlith gwragedd."
                                        Gloria!

Fe gaed Emanŵel, y Crist, Mab Duw
ym Methlehem ar ddydd Nadolig gwiw,
a thystied holl blant Duw drwy'r byd yn gyfan:
bendigaid wyt 'mhlith gwragedd.
                                        Gloria!

Carol o Wlad y Basg; cyfieithwyd i'r Saesneg gan
Sabine Baring-Gould, 1834–1924

CAROL BLYGAIN

Tôn: Y Trysor Gorau

Newyddion da a gaed,
ddydd geni Iesu Grist;
sut gallai neb o deulu'r llawr
fyth mwyach fod yn drist?

Penllanw cariad Duw
yw'r gair a ddaeth yn gnawd;
dwed felly pam, os Duw a'n câr,
na charo dyn ei frawd?

Bugeiliaid ddaeth ar frys,
a thri gŵr doeth o'u bodd;
gwae i ni ddod ar araf gam,
gan rwgnach uwch ein rhodd.

Do, carodd Duw ei fyd,
a'i deyrnas aeth ar led;
O na chaem weld pob Cymro'n frwd
dros gynnydd ffydd a chred.

Clywch neges lon yr ŵyl
i bawb o deulu'r ffydd;
daeth awr ffarwél i ofnau'r nos:
O gwawried newydd ddydd.

PAN OEDD T'WYLLWCH NOS YN ORCHUDD

Pan oedd t'wyllwch nos yn orchudd
  gynt yn nyddiau'r fagddu fawr,
seiniodd proffwyd lef yn Israel:
  "Cod, llewyrcha, daeth dy awr;
bydd yr Arglwydd yn llewyrchu
  arnat holl ogoniant nef,
a chenhedloedd a brenhinoedd
  geisiant ei ddisgleirdeb ef."

Disgwyl wnâi Simeon dduwiol
  am ddiddanwch Israel drist,
disgwyl gweled gogoneddus
  awr dyfodiad Iesu Grist;
awr amgenach byd i dlodion,
  gwynfyd i'r adfydus rai,
ymgeleddu'r gwan a'r llariaidd,
  caru gelyn, maddau bai.

Ganwyd Iesu! Nid mewn gwesty
  ond mewn preseb amrwd, moel,
pigog wellt yn wely iddo,
  cnotiog bren a rhydlyd hoel;
clywch ar feysydd Bethlem seiniau
  llawen floedd holl engyl Duw
yn cyhoeddi'r newydd syfrdan,
  "Ganwyd Ceidwad, 'r Arglwydd yw!"

Daeth i ben y taer hiraethu;
  dwyfol Air a wisgodd gnawd
gan anwesu gwael bechadur,
  maddau'i fai a'i gyfri'n frawd;
profodd boenau llymion daear,
  rhydlyd hoel a chnotiog bren,
goresgynnodd ormes angau,
  iddo plygwn fyth, Amen.

RHOWCH GLOD I'R BABAN CRIST

Tôn: Sloop John B

Rhowch glod i'r Baban Crist,
  a mawl i'w enw ef;
fe ddaeth i lwyfan byd i fyw gyda ni,
  i lwyfan ein byd,
  a'r preseb yn grud,
do, fe ddaeth yr Iesu, Mab Duw, atom ni.

Ar wellt ei wely llwm
  caed llewyrch mwyn y nef,
rhoes seren Bethlehem ei gwawl arnom ni;
  i lwyfan ein byd,
  a'r preseb yn grud,
do, fe ddaeth yr Iesu, Mab Duw, atom ni.

Ni allai Herod deyrn
  a'i ddichell creulon, cas,
ddiffoddi fflam ei gariad pur drosom ni;
  i lwyfan ein byd,
  a'r preseb yn grud,
do, fe ddaeth yr Iesu, Mab Duw, atom ni.

Mae'r Iesu heddiw'n fyw –
  goleuni'r byd yw ef!
fe ddaeth i lwyfan byd i fyw gyda ni;
  i lwyfan ein byd,
  a'r preseb yn grud,
do, fe ddaeth yr Iesu, Mab Duw, atom ni.

SEINIAU GORFOLEDD

Seiniau gorfoledd o Fethle'm a glywir,
  peraidd eu hatsain dros lechwedd a bryn;
tyr eu cynghanedd ar draws tiroedd Cymru,
  gobaith a ddygant i'r gwyw erwau hyn;
ganwyd in Brynwr, a chadarn Iachawdwr,
  rhown iddo lety; yr Arglwydd a'i myn!

Cefnu ar olud y nef a wnaeth Iesu,
  rhannodd ein newyn a'n syched fel brawd;
rhyfedd ei osod mewn preseb anifail,
  syndod ei eni mewn beudy mor dlawd;
canwn ei glodydd, ein gwrol Achubydd,
  dygodd o'i wirfodd ein dirmyg a'n gwawd.

Dygwn at ymyl ei breseb anrhegion,
  Ddwyrain, Gorllewin, a Gogledd a De;
ddoethion, offrymwch ddyledus wrogaeth,
  chwithau fugeiliaid – mae digon o le!
Hwn yw'n Gwaredwr, ein hunig Waredwr,
  ef gaiff ein moliant, a neb ond efe.

Dathlwn ryfeddod y geni o wyryf:
  Ceidwad yn cysgu mewn crud yn y gwair!
Ynddo ef gwelwyd gwir ddelw y Duwdod,
  stamp y tragwyddol ym mherson Mab Mair;
iddo bo'r moliant, y clod a'r gogoniant,
  daeth i'n gwaredu, a gwir yw y gair!

SUO-GÂN

Tôn: Plaisir d'amour

Fy maban glân,
  mor amrwd yw dy grud,
ac O mor denau yw'r awel
  mewn creulon fyd!

O cwsg, fy mab,
  nes delo toriad gwawr;
mae Brenin mwy yn dy warchod
  na Herod Fawr!

Dros erwau'r rhos
  clyw gân angylaidd gôr
yn seinio heddwch i ddynion
  a mawl i'r Iôr.

Ar drywydd pell
  daw atat ddoethion dri,
a hwythau, werin y preiddiau,
  i'th gyfarch di.

Si-lŵ, si-lo,
  O cwsg, di berl dy fam;
O cwsg, cwsg, cwsg hyd y bore,
  'run bach di-nam.

YM METHLEHEM EFFRATA

Ym Methlehem Effrata
  y ganed Iesu Grist,
a dyna pam rwy'n llawen –
  ni allaf fod yn drist!

Fe'i ganed ef mewn stabal,
  yn wir, mewn ogof laith,
nid ydyw hynny'n rheswm
  dros dorri calon chwaith.

Er tloted ei rieni,
  sef Mair a Joseff gynt,
nid galar ddug yr awel,
  nid cwynfan wnâi y gwynt.

Bu Herod cas yn bygwth
  ei ladd yn blentyn bach;
oherwydd iddo fethu,
  rwyf heddiw'n canu'n iach.

Rwy'n llawen gyda'r doethion
  pan ddaw ei seren ef
i lenwi fy ffurfafen
  â mwyn oleuni'r nef.

Ym Methlehem Effrata
  y ganed Iesu Grist,
a dyna pam rwy'n llawen –
  ni allaf fod yn drist!

CERDDI

ADLAIS

Ddaw neb o'r Gangell mwy i'r seddau pîn,
a lampau'r hwyr sy'n diffodd ar y Sul;
ychydig sy'n rhoi clust i ddyfal gnul
cyhoeddwr, clochydd awr y plygu glin.
Prin ddau neu dri phererin ddaw ar dro
i Flaen-y-coed i chwilio man ei fedd:
fel llawer enwog, gorffwys wna mewn hedd,
yn estron yn ei enedigol fro.
Ond eto, deil yr ymroddedig griw
i ganu'i eiriau eneiniedig ef,
gan ganmol popeth hardd o dan y nef
a holi dwys gwestiynau dynol ryw.
Eu braint yw dilyn Crist, gan blannu coed
wrth gerdded trwy y byd yn ôl ei droed.

DEWI SANT

Daeth oes y satyr, disodlwyd y sant,
a chefnodd Cymru ar gredo a ffydd.
Cod, Dewi, o'th hirgwsg lawr yn y pant!

Bwytawn ac yfwn, bodlonwn bob chwant;
rhwng ffortiwn a ffair cawn ddathlu bob dydd –
daeth oes y satyr i ddisodli'r sant.

Pa les yw seintwar a gweddi a siant?
Y bêl sydd dduw, a'n chwarae'n grefydd sydd.
Cod, Dewi, o'th hirgwsg lawr yn y pant!

Naw wfft i ddisgyblaeth, ysu mae'r plant
am ddatod y cyffion, a'u traed yn rhydd –
daeth oes y satyr i ddisodli'r sant.

Go brin ceir un gwir broffwyd, ond ceir cant
o grach-broffwydi'n porthi hunan-fudd.
Cod, Dewi, o'th hirgwsg lawr yn y pant!

Fy nhelyn ni thyr er taro'r un tant:
a'n nawddsant hwyrfrydig eto ynghudd
daeth oes y satyr i ddisodli'r sant.
Cod, Dewi, o'th hirgwsg lawr yn y pant!

FY NGWEDDI I

Arglwydd, ymbiliaf arnat ti bob awr
   gael dod yn fwyfwy agos atat ti,
fel bo dy lais, a'th gariad pur dy hun
   yn gysur beunydd yn fy ymyl i.

O dysg im, Iôr, mor ffôl edifarhau
   am hen gamweddau nas cyweirir mwy,
am bethau lu adawyd heb eu gwneud,
   am air a gweithred roddodd iti glwy'.

Fe wyddost ti fy ngwendid i a'm cur,
   ond trwy dy ryfedd ras fe'm ceri i;
rho gymorth, Iôr, i ymlid pob rhyw ofn
   fel bo im beunydd wneud d'ewyllys di.

Cyfieithiad o 'My prayer', geiriau Anne Liddell
i gerddoriaeth Edith Pearson

FFYNNON

Llusgo cerdded wnâi o'r ffynnon i'r tŷ
   dros dwmpathau'r brwyn, ei biser fel plwm
a'r haul yn t'wynnu'n grasboeth oddi fry
   ar 'sgwyddau'r llipryn main drwy'i garpiau llwm;
safodd ennyd, a chodi'r clawr i'w fin,
   ac ias y gwlybwr oer yn llifo'n ffrwd,
ddracht ar ben dracht, a'i bur iachusol rin
   yn dofi twymyn gwyllt ei syched brwd.
Heno, ar wely'r claf mewn estron fro,
   mae'i ddolur blin a'i floesgni'n dreth ar lais
wrth alw ar un ddaw heibio ar ei thro
   i drin ei glwyf a gwyro clust i'w gais:
am brofi eto, cyn daw'r dydd i ben,
adfywiol ddracht o Ffynnon Goetre Wen.

FFYNNON ALYS

Alys, pa le bellach mae dy ffynnon,
a'th fwthyn moel, a'i lawr o galch?
Distawodd lleisiau'r hen addolwyr ffraeth
a blygodd lin i Dduw ar dir y Wern,
a pheidiodd bwrlwm dŵr y loyw ffrwd
fu'n disychedu llawer enaid blin
ymhlith gwerinwyr tref Llanelli gynt.
Anghofiodd estron oes dy aberth di,
yn codi allor er gogoniant Duw;
gwnaed Sanffaganaidd graic o'r fegin hen
a'i thrwyn o bres, fu'n cymell fflam
o lwydni di-addewid y marwydos swrth.

Maddau, Alys, a wnaethom i'th ffynnon!
Maddau ein cabledd a'n rhyfyg erch,
hyfdra ein Philistiaeth fodern
yn bwrw pridd i'r pydewau,
lluchio llysnafedd i'r llynnoedd
gan halogi hen, hen ffrydiau Duw.
Angof dy aberth, Alys, i addolwyr
y grefydd newydd; pa ddiben ffynnon ffydd
yn oes y bri ar hap a siawns,
ar ffair a ffortiwn, a'r foeseg ddiwahardd?
I ba beth y bu dy golled, Alys,
i ba ddiben d'aberth, o gofio dyfod oes
y gwelwyd troi ein chwarae'n grefydd
a chrefydd hithau'n chwarae plant?

Myn Duw, daw eto fri ar ffynnon Alys!
Nid angof byth ei menter ffyddiog hi!
Bydd angen Dafydd Rees ar Gymru eto
i ysbarduno'r afreolus griw:
meibion a merched brwd y Beca,
a symud ymaith drais y tollbyrth,
dinoethi brad y Llyfrau Gleision.

Glanhaer dy ffynnon, Alys!
Cloddier dy hen bydewau,
fel y cadwer i'r oes a ddêl
lendid y Ffydd a fu,
a thröer dy lifeiriant yn afon
yn tarddu dan riniog y tŷ,
a'i ffrydiau a lawenhânt drachefn
gysegr preswylfeydd y Goruchaf.

MEWN WARD GERIATRIG

Arglwydd, ai i hyn y'n ganed?
I orffen ein daearol rawd fel bresych
mewn gwely o bridd,
gan dorri ar y munudau maith
yn unig gydag ambell ochenaid
neu ddolefus gri?

Mae'r nos yn hongian yn drwm dros y stafell,
ond uwchben un gwely mae'r golau ynghyn,
a meddyg a nyrs a chlaf yn chwarae'r act olaf
yn nrama un o eiddil bererinion y ddynolryw.

Yfory daw'r ymwelwyr eto, ond y tro hwn
nid â'u mân siarad wrth erchwyn gwely,
nac i droi eu llygaid gweddigar at Dduw
gan grefu am ollyngdod i'w hanwylyd o'i gystudd hir,
ond i gyrchu'r parsel bychan trist
sy'n cynnwys olaf angenrheidiau dyn.

O Iesu'r Meddyg mawr, cofia'r hen bobl,
y gwŷr a'r gwragedd a ddaliwyd gan lesgedd a phoen,
a welodd gymaint caledi gynt mewn dirwasgiad a thlodi.
Cofia hwy, O Feddyg da, yn eu holaf awr,
a chaniatâ iddynt weld, y tu hwnt i'w heiddil gnawd,
awgrym o'r Ddrama Newydd a fu'n wrthrych eu ffydd.

TI AETH Â'M BRYD

Ti aeth â'm bryd, Bysgotwr Galilî,
er ceisio droeon foddi d'egwan gri;
nid chwilio amdanat wnes â sanctaidd nwyd,
ond cael fy nal yn nhafliad taer dy rwyd,
a dod dan wingo, fi'r pechadur bras,
yn un o helfa'r dwfn, trwy wyrth dy ras.

Ti, Fab y Dyn, ddatguddiwr meddwl Duw,
a roes im gip ar fawr ddirgelwch byw;
o'r llwch dyrchefaist rywrai'n wyn eu byd,
gan gynnal braich y tlawd a'r gwan a'r mud;
O derbyn, lariaidd Ŵr, betruster un
sy'n mentro yn dy gamre di dy hun.

Ti, Frenin Alltud, wnaeth dy orsedd gynt
mewn preseb lle cait loches rhag y gwynt;
ar grwydr fuost dros fyr ddyddiau d'oes
nes dyfod awr teyrnasu ar y groes:
dy ddwyfraich estynedig fry ar led
yw'r goflaid sy'n anwesu'r sawl a gred.

Ffyddlonaf Grist, caf bwyso ar dy ras,
mi wn, a phrofi'r un wefreiddiol ias
a deimlais gynt wrth herio tonnau'r môr;
nid ofnaf eu rhyferthwy, Arglwydd Iôr,
can's byw wyt ti, nid marw wnest ar bren,
na madru chwaith mewn bedd, a'th waith ar ben.

WRTH GEISIO GWEDD DY WYNEB

Wrth geisio gwedd dy wyneb, gwelais gur
   dy ddyfal ymchwil am fy enaid i;
nid fi a'th geisiodd di, fy Ngheidwad pur,
   tydi a'm ceisiodd i.

Pa fodd y suddwn ar dymhestlog fôr,
   a'm llaw yn gadarn yn dy afael di?
Nid fi afaelodd ynot, dirion Iôr,
   tydi a'm daliodd i.

Nid yw fy meidrol rawd yn hyn o fyd
   ond ateb, Arglwydd, i'th gymhellion di,
can's ni bu dydd na chedwaist f'enaid drud,
   erioed fe'm ceraist i.

Cyfieithiad o 'I sought the Lord' gan awdur anadnabyddus

Y GWEHYDD

Rhyw gyfrin we a nyddir
   rhwng f'Arglwydd Dduw a mi;
efe fu wrthi'n dewis
   y lliwiau brith di-ri'.
I'r gwead, dro, daw galar,
   a minnau yn fy mraw
yn edrych o'r tu yma i'r we,
   ac yntau'n gweld tu draw.
A phan ostega carlam
   y wennol chwim ei cham,
daw dydd datguddio'r patrwm –
   caf wybod wedyn pam
mae lle i'r edau dywyll
   ym mwriad Arglwydd nef,
'run modd â'r aur a'r arian
   wrth nyddu'i batrwm ef.

Cyfieithiad o 'The Weaver' gan awdur anadnabyddus

74

CYFADDASIAD O'R EMYN I GARIAD (I Corinthiaid 13)

Mi rown i'r byd am feddu'r ddawn
i draddodi'n ysbrydoledig,
ac i bregethu fel seraff,
ond faint gwell fyddwn i pe bai gen i'r ddawn
a minnau heb gariad yn fy nghalon?
Byddai hynny fel band pres heb arweinydd
neu symbal heb gerddorfa.
Mi rown i'r byd am feddu dawn y proffwyd,
a gwybod yr ateb i bob problem ddiwinyddol,
a bod yn hyddysg ym meysydd gwybodaeth,
neu fod gen i, chwedl yr Arglwydd Iesu,
'ddigon o ffydd i symud mynydd',
ond heb gariad yn ogystal, fyddwn i'n ddim.
Mi rown i'r byd am allu cyflawni rhyw wrhydri
fel rhoi f'arian i gyd i borthi'r newynog,
neu f'aberthu fy hun ar allor gwasanaeth cyd-ddyn,
ond faint gwell fyddwn i o hynny, heb gariad?

Mae cariad yn fodlon disgwyl yn amyneddgar;
mae'n chwilio am gyfle i wneud cymwynas,
a does dim cenfigen yn agos ato;
dydi o byth yn ei ganmol ei hun,
na'i ystyried ei hun yn bwysig;
dydi o ddim yn ymddwyn yn anweddus,
a does dim byd hunanol ynddo;
dydi o byth yn colli ei dymer,
nac yn cadw cownt o ffaeleddau neb;
dydi o byth yn cael boddhad o anffawd neb arall
ond mae wrth ei fodd yn cynnal y gwir;
does dim pall ar ei oddefgarwch,
dim pen draw i'w ymddiriedaeth,
dim terfyn ar ei obaith,
dim petruster ynghylch ei allu i ddal ati.
Fydd dim diwedd byth ar gariad,
ond bydd terfyn ar ddawn y pregethwr,

bydd taw ar yr areithiwr ysbrydoledig,
a bydd pen draw ar wybodaeth dyn,
oherwydd mae pob gwybod yn anghyflawn,
ac mae pob pregeth yn syrthio'n brin,
ond wyneb yn wyneb â'r Perffaith
mae pob amherffaith yn cilio o'r golwg.

Pan oeddwn yn blentyn bach
rown i'n arfer siarad iaith plentyn bach,
meddwl plentyn bach oedd gen i,
ac fel plentyn bach rown i'n rhesymu,
ond unwaith y tyfais i'n ddyn
fe ffarweliais â byd y plentyn bach.
Mae bywyd dyn 'r un fath yn union:
ar hyn o bryd, mae fel edrych i ddrych –
mae mor aneglur â hynny,
ond ryw ddydd cawn weld yn berffaith glir,
oherwydd byddwn yn gweld wyneb yn wyneb;
ar hyn o bryd, rhannol ydi pob gwybod,
ond ryw ddydd, bydd pob gwybod yn adnabod:
caf nabod Duw fel y mae o wedi f'adnabod i.
Mewn gair, mae 'na dri pheth sy'n aros:
ffydd, gobaith a chariad,
ac o'r tri hyn, y mwyaf ydi cariad.

TROSIADAU O GERDDI
O WAITH R. S. THOMAS

YN NAW DEG OED

Trosiad o 'Ninetieth Birthday'

Byddwch yn dringo ar hyd y lôn-gert hir,
Mae modd mynd mewn car, ond gorau oll
Os cerddwch ag araf gam, a sylwi
Ar y cen sy'n croniclo hanes ar ddalen
Y graig lwyd. Mae'r coed sydd o'ch cwmpas
Ar ddechrau'r daith yn ildio'u lle i'r rhedyn glas,
Cartref y troellwr: cewch glywed ei dröell
Ambell hwyrnos braf; mae'n ddistaw nawr
Yn anterth gwres y dydd, a gwannach
Lleisiau'n galw, penlas yr ŷd a'r gwybed mân,
A sisial y nant. Wrth ddringo'n uwch
Cewch aros i gael eich gwynt atoch a sylwi ar y môr
Yn fflachio'i neges yn y pellter, cyn ichi droi drachefn
At y lôn serth a'r cymylau'n cau amdani.

A'r fan acw, ar ben y lôn mae'r hen wreigan,
A aned yn y ffermdy carreg
Bron ganrif yn ôl, yn disgwyl amdanoch,
Yn aros am hanesion y pentref coll,
Sy'n gynefin iddi, mae'n tybio, ond sy'n bod
Yn unig yn ei chof hi.
                        Fe ddowch yno i'w chyfarch
A'i chanmol am fyw cyhyd
Er bod cyllell amser wedi crafu hyd yr asgwrn,
Eto 'does dim modd pontio
Rhwng ei byd hi a'ch byd chi. Eich unig gymwynas
Fydd pwyso'n garedig ar draws y gagendor
A gwrando ar eiriau fu rywdro'n ddoethineb.

MARW GWERINWR

Trosiad o 'Death of a Peasant'

Wyt ti'n cofio Dafis? Bu farw, wyddost,
A'i wyneb at y mur, yn unol ag arfer
Y gwerinwr tlawd yn ei dyddyn carreg
Ar fryniau Cymru. 'Rwy'n cofio'r ystafell
Dan y llechi, a lliw eira brychlyd
Y gwely llydan lle 'roedd yn gorwedd,
Mor unig â'r ddafad sy'n clafychu i wyna
Yn nhywydd gerwin canol Mawrth.
Cofiaf hefyd y chwythwm sydyn
Yn rhwygo'r llenni, a mynych stranciau'r
Golau afreolus ar y llawr,
Y llawr moel, amddifad o rýg
Neu fat i 'sgafnu sangiad troed swnllyd
Y cymdogion wrth groesi'r byrddau anwastad
I sbecian ar Dafis gan yngan yn swrth
Eu cysur gwag, cyn troi cefn
Di-dosturi ar sawr sur marwolaeth
Yng ngafael y muriau llaith hyn.

PRIODAS

Trosiad o 'A Marriage'

Daethom ynghyd
        dan gawod
o nodau'r adar
            hanner canrif yn ôl,
un funud o gariad
          mewn byd sy'n
gaeth i amser.
             A hithau'n ifanc
cusenais â'm llygaid
           ynghau, a'u hagor
a gweld ei chrychau.
            "Tyrd," meddai angau
wrth ei dewis
           yn bartner ar gyfer
yr olaf ddawns. A hithau
          drwy'i hoes
wedi gwneud popeth
            â gosgeiddrwydd aderyn
yn awr yn agor ei phig
            ar gyfer gollwng
un ochenaid
             cyn ysgafned â phluen.

LLANRHAEADR YM MOCHNANT

Dyma lle bu'n chwilio am Dduw,
A dod o hyd iddo? Bu'r canrifoedd
Yn fodlon ei ganlyn
Ar draws y darnau rhyddiaith serennaidd.

'Chafwyd dim un portread ohono
Ac eithrio o fewn oriel
Y dychymyg: talcen
A mân blu'r gwallt
Yn llithro drosto? Boch
A phant rhy amlwg ynddi? rhesi dannedd
A dorrwyd ar asgwrn anhydrin

Iaith? Wrthi yn y 'stafell fechan hon
Ger yr afon yn gwneud iawn am bechod
Gŵr â'r un enw ag ef?
                    Daeth y geiriau llyfn
A ddaliwyd gan lif ei feddylfryd
Yn drysor cenedl. Yn ei fynegiant
Y mae'r prydferthwch, a'r gwirionedd,
Fel y llifeiriant hwn a aned yn y mynydd-dir,
Yn fwy na bodlon ffrydio heibio
Ond heb ruthro'n ormodol.

POSTE RESTANTE

'Rwy'i am egluro sut y bu,
p'un ai malu'n llwch y mae'r Groes
dan olwynion dynion, ynteu llewyrchu'n ddisglair
fel cofeb yn dynodi oes newydd.

'Roedd eglwys, ac un dyn
yn weinidog iddi, ac ychydig yn addoli
yno yn y golau gwantan ar y bryn
yn y gaeaf, gan symud ymhlith y meini
a gwympodd o'u cwmpas fel adfeilion
diwylliant, a hwythau'n rhy egwan
i'w hadfer, yn rhy dlawd eu byd
i wneud dim oll ond aros
am ddiwedd rhawd
nad oeddent wedi erfyn amdani.
                    Byddai'r offeiriad yn dod
a thynnu wrth y gloch grug
na châi glust gan neb, a mynd i mewn i'r lle
tywyll hwnnw, a surwyd gan falltod
y blynyddoedd. A byddai'r pry cop yn dianc
o'r cwpan cymun, a'r gwin yn segur
yno dros dro, yn oer a di-ofyn-amdano
gan bawb ond ef ei hun, a'r canhwyllau
yn diferu wrth i'r gwynt ymosod
ar y to. Ac uwchben yr elfennau moel
gwelai ei wyneb yn syllu arno
yng ngwydr hollt y ffenest, a'r gwefusau
yn symud fel gwefus rhywun a drigai
mewn byd tu hwnt i'r byd hwn.
                    Ac felly'n ôl ag ef
i'r festri laith at y llyfr
lle câi grafu ei enw a'r dyddiad
na allai ond prin ei gofio, Sul
ar ôl Sul, a'r lle'n suddo

hyd at ei ddeulin, a'r ddaear yn treiglo
o dymor i dymor fel olwyn
ffowndri fawr i'th gynhyrchu
di, gyfaill, sy'n gwybod diwedd y stori.

PERERINDODAU

Trosiad o 'Pilgrimages'

Dacw ynys nad oes modd mynd iddi
ond mewn cwch bach y ffordd yr elai'r
saint gan dramwy drwy oriel
wynebau dychrynedig y rhai
a foddwyd gynt, nes clywed brath y graean
ar y traethau. Felly y dringais
i fyny'r lôn heli at yr adeilad
â'i allor garreg a'i ganhwyllau
wedi diffodd, a phenlinio, a dyrchafu
llygaid at y gargoel ffyrnig
ar lun tylluan sydd megis duw
a grebachodd wrth fagu dicter. 'Does
dim llun o neb i'w weld yn ffenestr liw
yr awyr nawr. Ai'n rhy ddiweddar y deuthum?
Ac ai'n rhy ddiweddar hwythau, y pererinion
cyntaf? Un cyflym yw Duw,
yn cyrraedd o'n blaenau ac
yn 'madael wrth inni gyrraedd.
                    Y mae yma rywrai
anghyfarwydd â gweddi, a'r gwasanaeth
a adroddir ganddynt beunydd yw'r môr moel.
Clustfeiniant nid ar emynau
ond ar gemeg araf y pridd
sy'n troi esgyrn y saint yn llwch
a'r llwch yn bigyn yn y ffroen.

Nid yw amser yn cyfrif ar yr ynys hon.
'Does dim un cloc i nodi treigl
pendil y llanw, dim dyddio
ar ddigwyddiadau. Dyw'r bobl hyn
nac yn hwyr nac yn gynnar; maent yma
dyna'r cyfan, gydag un cwestiwn yn unig

i'w ofyn, a'r ateb a roddir iddo yw'r
bywyd o'u mewn. Myfi yw'r un sy'n
gofyn. Ai er mwyn darganfod fy hun
y deuthum yma ar bererindod,
er mwyn dysgu, mewn cyfnodau
fel hyn, ac yn hanes rhywun fel fi
na fydd Duw fyth yn eglur nac
o'r tu allan imi, ond yn hytrach yn dywyll
ac yn ddirgelwch, fel pe bai o'm mewn?

HANES CYMRU

Trosiad o 'Welsh History'

Pobl a galedwyd i ryfel oeddem ni; 'doedd y bryniau
Damaid caletach, a mwy o wres
Yn y borfa fain oedd amdanynt nag yn y crysau
Garw oedd am ein hesgyrn pitw.
Aem i frwydr, ond gan gilio'n ôl yn ddi-ffael,
Fel yr eira'n dadmer ar lechweddau'r
Mynydd Mawr; ac eto ni lwyddodd
Yr estron ddod o hyd i'n holaf gaer
Yn y goedwig drwchus, lle'r adroddid cerdd
I ysgogiad clir y delyn.

Bu farw ein brenhinoedd, neu ynteu fe'u lladdwyd
Drwy'r bradychu gynt gerllaw y rhyd.
Trengodd ein beirdd, wedi eu gyrru o blastai'r
Pendefigion gan y ddraenen a'r fiaren.

Pobl a fagwyd ar chwedlau oeddem,
Yn cynhesu'n dwylo ar ein gorffennol gwaedlyd.
I'r gwŷr mawr, testun cywilydd oedd ein bratiau clytiog
A ninnau'n glynu'n ddiollwng wrth falchter ach
Ein gwaed a'n cyff, a'n boliau tenau
A'n tai o bridd yn brawf
O'n diffyg clem yn y gelf o fyw.

Pobl oeddem ni fu'n gwastraffu'n hegni
Ar frwydrau di-fudd o blaid ein meistri,
Mewn tiroedd nad oedd gennym unrhyw hawl arnynt,
A dynion na theimlem unrhyw gasineb atynt.

Yr oeddem yn bobl, a pharhawn felly.
Pan ddaw i ben ein ffraeo am friwsion
Dan y ford, neu'r crafu ar esgyrn
Gwareiddiad marw, byddwn yn codi
I gyfarch ein gilydd ar ddyfod gwawr newydd.

YSGRIFAU A MYFYRDODAU

DARN O HUNANGOFIANT: YN BLENTYN YN NHAN-Y-GRAIG

Fel Watcyn Wyn gynt, gallaf innau gofnodi, 'Roedd Mam oddi cartref pan gefais i fy ngeni.' Un o Gwm Banwy yn Sir Drefaldwyn oedd Mam, a mwynder y parthau hynny'n amlwg yn ei llais a'i phersonoliaeth. Nid i Gwm Banwy yr aeth dros y geni, serch hynny, ond at ei chyfnither, Meg, oedd yn debycach i chwaer na dim arall. Yn y tyddyn llwm hwnnw, Parc Bach, llwm ond hael ei groeso, ger pentref Pontllogel ym Maldwyn, y gwelais olau dydd gyntaf.

Yn ôl pob sôn, pan sylweddolodd Bodo Meg fod awr fy ngeni gerllaw, gollyngodd y bwced oedd beunydd yn ei llaw a gweiddi ar Bob ei gŵr i redeg nerth ei draed i 'mofyn y nyrs. Ac mewn telegram pensil a anfonwyd o Swyddfa'r Post ym Mhontllogel yr un diwrnod ym Mehefin 1929, ac a gadwyd yn ei blyg gan Mam mewn jwg ar y seld nes melynu dros y blynyddoedd, mae gennyf dystiolaeth ysgrifenedig i'r digwyddiad mewn neges gynnil ond digonol: 'Son arrived. Both doing well. Ada.'

Roedd Dad wedi bod yn disgwyl yn bryderus yn Nhan-y-graig yn Sir y Fflint am y telegram. Daethai Nain ato, o'i chartref yn yr Wyddgrug, i'r tyddyn bach ar lan afon Alun, wrth odre Moel Fama, i ofalu am ei mab, Edmwnd, a'i hŵyr bach dwyflwydd Jesse, ac i baratoi ar gyfer dychweliad Ada a'i bwndel bach newydd-anedig.

Mae'n dda gennyf allu dweud nad iaith y telegram o Bontllogel oedd iaith yr aelwyd yn Nhan-y-graig ond â chroen fy nannedd y dihengais rhag bod yn Sais, serch hynny. Sais diedifar oedd Taid, o ardal Wellow yn Hampshire, a'i gyfenw'n bradychu ei dras. Yn ninas Lerpwl y cyfarfu Nain ag ef, ac yno y trigent nes i Taid farw yn 43 oed yn 1905 gan adael Catherine yn weddw, a thri o blant yn amddifad o'u tad, yn eu plith Edmwnd, fy nhad. Ond am fod ei fam ('Nain Wyddgrug' fel y galwem hi) yn Gymraes o ardal Pant-y-buarth ger yr Wyddgrug, cadwodd Dad ei Gymraeg; yn wir fe'i gloywodd wedi iddo briodi ag Ada o Gwm Banwy.

Yn ninas Lerpwl hefyd y cyfarfu fy nhad a'm mam. Yn ddeunaw oed, aeth Mam fel llawer merch ifanc arall o Ogledd Cymru, i Benbedw i weini fel morwyn ar aelwyd meddyg. Ar y Sul, croesai'r afon i fynd i gapel Great Mersey Street yn Lerpwl. Yno fe'i swynwyd nid gan y pregethwr, ond gan fachgen llygatlas a eisteddai mewn sedd gyfagos. Ar derfyn yr oedfa, gollyngodd un o'i menyg (yn fwriadol, meddai wrthyf, gyda winc) a daliwyd Edmwnd â'r abwyd.

Tan-y-graig oedd cartref cyntaf fy rhieni ar ôl priodi; lle bach mewn dyffryn cul a choediog, cyndyn i ildio'i gynhaeaf. Talem rent i ŵr o Lerpwl yn dwyn yr enw Geoffrey de Courtney Fraser. Roedd ganddo fwthyn bach ychydig gamau o Dan-y-graig, 'The Cottage', a phan ymwelai ef a'i deulu lluosog â'r bwthyn galwai heibio i Dan-y-graig i hawlio'r rhent. Mae gennyf gof plentyn am y Frasers yn cyrraedd yn eu car mawr, a rhai o'u plant yn eistedd mewn sêt blyg ('dickie') yng nghefn y car. Byddai gweld unrhyw gar yn y tridegau cynnar yn ardal Pant-y-buarth yn ddigon o ryfeddod, heb sôn am gar â sêt dici. Diddordeb pennaf Fraser adeg ei ymweliadau â'i dŷ haf oedd ychwanegu at ei gasgliad helaeth o wyfynnod a glöynnod byw. Cofiaf ambell noson o haf gael fy neffro o'm cwsg gan sŵn a chleber brwd y Frasers a'u plant wrth iddynt hela'u prae adeiniog gyda'u rhwydi a'u llusernau. Cofiaf weld rhan o'i gasgliad pan oeddwn yn blentyn ifanc, a chael poen dirfawr wrth weld y lepidoptera truenus yr olwg wedi eu hoelio wrth gefn y cwpwrdd gwydr gyda phinnau bach, a'u labelu fesul un. Ni allwn faddau i'r helwyr talog am eu triniaeth greulon o'r creaduriaid oedd mor gain eu ffurf a'u llun.

Codwyd Tan-y-graig mewn man diarffordd ac anghysbell, gellid tybio. Ond ar un adeg, yn ôl yn y bedwaredd ganrif ar bymtheg, bu cryn brysurdeb yn y rhan hon o ddyffryn Alun, yn nyddiau'r diwydiant plwm. Tyllwyd siafftiau dyfnion i'r graig a elwid gan yr hen bobl yn 'Ben-y-garreg-wen'. Bellach, ni chlywir yr enw hwnnw; fe'i disodlwyd gan yr enw estron, a llawer llai persain, 'The Loggerheads Rocks'. Wrth fôn y graig a'i llethrau ysgythrog sy'n ymestyn o'r Loggerheads i Ryd-y-mwyn, cloddiwyd lefelau yn cysylltu â'r siafftiau droedfeddi lawer uwchben. Gweithiai llawer o ddyddynwyr ardal Pant-y-buarth yn y siafftiau hyn, a hynny mewn amgylchiadau dreng, gan esgyn a disgyn gyda chymorth rhaffau, neu gyfres o ysgolion. Yn wir, mewn sawl cyfrifiad yn y bedwaredd ganrif ar bymtheg rhestrir swydd sawl penteulu yn yr ardal fel 'leadminer'.

Rhwng 1823 a 1845 adeiladwyd camlas o'r Loggerheads i Ryd-y-mwyn, pellter o dros dair milltir, i gario cyflenwad o ddŵr ar gyfer peiriannau'r diwydiant plwm. Adeiladydd y gamlas oedd diwydiannwr o'r enw John Taylor o Norwich, a'i fwriad oedd hwyluso'r broses o gloddio'r plwm o'r siafftiau, a hynny trwy droi olwynion mawr, un ohonynt – yn hen waith Glan Alun – yn 40 troedfedd ar ei thraws. Mae olion y gamlas i'w gweld o hyd gan y craff ei lygad wrth gerdded y 'Leete', neu, a defnyddio ymadrodd yr hen frodorion, cerdded y Gob. A phan oeddwn yn blentyn yn Nhan-y-graig âi'r llwybr hwnnw wrth gefn y tŷ, a byddai llawer iawn o ymwelwyr yn cerdded y ffordd honno yn yr haf, yn enwedig ar adeg Gŵyl y Banc.

Pam, tybed, y bu'n rhaid adeiladu camlas i ddwyn cyflenwad o ddŵr i ddibenion y diwydiant plwm pan oedd Afon Alun yn llifo i'r un cyfeiriad ychydig lathenni islaw'r gamlas? Mae'r ateb yn amlwg i'r neb a ŵyr am ystranciau'r afon honno; y gwir yw bod cyflenwad dŵr Afon Alun yn gallu bod yn ysbeidiol iawn yn ystod misoedd yr haf. Ym misoedd y sychder un o nodweddion yr afon hon yw bod ei dyfroedd yn rheolaidd yn diflannu dan ei gwely i dyllau ac ogofâu tanddaearol. Yn wir, ym myd y bobl ddewr hynny sy'n treulio'u horiau hamdden yn mentro i grombil ogofâu a thyllau yn y ddaear mae Afon Alun yn ddihareb. Yn rhifyn cyntaf oll y *Transactions of the British Cave Research Association* ym 1974 ymddangosodd erthygl gan P. J. Appleton yn dwyn y teitl 'Subterranean courses of the River Alyn, including Ogof Hesb Alyn'.

Gwyddwn yn dda yn blentyn am ddiflaniad dyfroedd yr afon yn yr haf. Cofiaf groesi gwely'r afon gerllaw Tan-y-graig gyda Mam i 'mofyn dŵr o ffynnon fach groyw gryn chwarter milltir o'n cartref. Nid gwaith rhwydd oedd cario bwcedaid ar ôl bwcedaid o ddŵr dros gerrig anwastad gwely sych yr afon, a thaerai Mam fod hyd yn oed y ffowls – heb sôn am y gwartheg – yn yfed yn anghymedrol o awchus yn y tywydd sych. A byddai Dad yn ymuno yn y dasg fin nos ar ôl gorffen ei ddiwrnod gwaith.

Collodd Mam sawl plentyn ym mlynyddoedd cynnar ei phriodas a thaerai hi mai'r cario dŵr oedd y rheswm am hynny. Ond roedd y dasg yn anorfod gan mai dyna'n hunig gyflenwad pan âi'r afon dan ei gwely.

Beth bynnag am yr eglurhad daearegol am gastiau'r afon rhwng Tan-y-graig a Hesb Alun, yr oedd chwedloniaeth y fro yn cynnig eglurhad arall. Yn ôl yr hen chwedl, rywdro yn yr oesoedd cynnar yr oedd Cynhafal Sant wedi pentyrru tân ar Benlli Gawr a drigai ar y Foel a enwyd ar ei ôl. Yng ngwewyr ei boenau arteithiol neidiodd Benlli i Afon Alun, ond gwrthododd yr afon wneud dim oll i liniaru poenau'r hen gawr; dewisodd yn hytrach ymguddio dan ei gwely!

Mae lle i gredu mai'r diwydiant plwm a'i helyntion cynnar a roes i'r ardal rai o'i henwau lleoedd. Hawdd derbyn hynny am enwau dau o'r pentrefi cyfagos, Pant-y-mwyn a Rhyd-y-mwyn, nad oes angen eglurhad arnynt. Ond beth am y ddau enw hynod, Cat-hole a Loggerheads? Y gred, bellach, yw mai enw ar siafft perthynol i waith plwm cynnar yw'r enw Cat-hole. Awgrymwyd bod Benjamin Perrin, diwydiannwr cynnar a enwir mewn prydles ym 1737, wedi darganfod cath mewn hen siafft ac wedi enwi'r siafft yn ddigon naturiol yn 'Cat-hole', heb feddwl am funud y byddai'r ardal o gwmpas y fan yn mabwysiadu'r un enw. Erbyn saithdegau'r bedwaredd ganrif ar bymtheg newidiwyd yr enw gwreiddiol i enw mwy derbyniol a llawer mwy sidêt: Cadole.

Ond beth am yr enw 'Loggerheads'? Yn wreiddiol enw ydoedd ar hen dafarn a oedd yn ffynnu yn nyddiau'r goets fawr, ac sydd heddiw'n dal i fwydo a disychedu'r fforddolion niferus sy'n galw heibio yn arbennig yn yr haf. Gwyddom fod yr enw'n digwydd ar hen fap sy'n dyddio'n ôl i 1738. Dywedir mai Richard Wilson, yr arlunydd enwog o Benegoes ym Maldwyn, a oedd yn byw yng Ngholomendy gerllaw'r dafarn, a beintiodd yr arwydd ar ei mur: 'We Three Loggerheads'. Ond pam 'Loggerheads', a pham tri ohonyn nhw? Dau sydd yn y darlun, yn sefyll gefn wrth gefn â'i gilydd, yn awgrymu osgo gwerylgar. Mae 'logger' yn hen air Saesneg sy'n golygu plocyn o bren, ac y mae 'loggerhead' yn golygu 'blockhead', gydag awgrym bod person felly yn benbwl cwerylgar. Pwy, felly, yw'r trydydd 'loggerhead' yn narlun Wilson? Yr esboniad arferol yw mai'r sawl sy'n craffu ar y llun yw hwnnw!

Gyda llaw, cofiaf fy nhad yn mynychu tafarn y Loggerheads – na, nid i lymeitian, gan ei fod i bob pwrpas yn llwyrymwrthodwr – ond yn ei swydd fel ysgrifennydd yr 'Ancient Order of Foresters', rhyw fath o glwb elusen a oedd yn cyfarfod yn 'ystafell hir' y dafarn. Yn ddiweddarach, pan gawsom feic, byddai Jesse fy mrawd a minnau'n seiclo o dŷ i dŷ i dalu budd-dâl i'r aelodau hynny oedd yn byw yn ardal Pant-y-buarth.

Beth, tybed, oedd yn gyfrifol am ddewis y fath enw ymosodol ar dafarn? Awgrym rhai yw bod yr enw hynod yn tarddu o gyfnod cynnar yn y diwydiant plwm yn yr ardal pan oedd ymrafaelion ac ymgyfreithio chwerw yn digwydd ynghylch perchnogaeth y tir lle cloddid y plwm gwerthfawr. Rhaid cofio bod Loggerheads ar y ffin rhwng siroedd Dinbych a'r Fflint. Yn wir y mae Tai'r Felin gerllaw'r dafarn y naill yn Sir Ddinbych a'r llall yn Sir y Fflint er bod y ddau dŷ ynghlwm wrth ei gilydd. Cofiaf gymryd cam bras dros y ffin ddychmygol gyda Jesse wrth ymweld ag Anti Elin, chwaer fy Nain, oedd yn wraig i David Williams y melinydd.

Doedd neb yn poeni am y ffin nes dyfod Oes y Plwm. Ond yn fuan, aeth penderfynu'n union ymhle roedd dynodi'r ffin yn achos ymrafael rhwng cloddwyr plwm o'r naill ochr i'r ffin a'r llall. O ganlyniad, aeth yr ardal yn ferw; cynnen ar ôl cynnen, ymgyfreithia a charcharu. A cheir tystiolaeth i hynny yn safle'r Garreg Ffin a osodwyd yn ymyl y ffordd fawr rhwng Cadole a'r Loggerheads. Dyma'r arysgrif a gerfiwyd ar y garreg fwaog:

The Stone underneath this Arch
CARREG CARN MARCH ARTHUR
was adjudged to be the Boundary of the
Parish and Lordship of Mold in the County
of Flint and Llanverras in the County
of Denbigh by the High Court of Exchequer
at Westminster 10th November 1763

Dyma roi pen y mwdwl ar helynt a barhaodd dros gyfnod o ddeng mlynedd o 1752 ymlaen. Ym mhapurau cyfreithiol y cyfnod, ynghanol yr ymgyfreithia, ceir cyhuddiadau am dresbas; galw pobl leol i ddwyn tystiolaeth ynghylch lleoliad y ffin; ac yn arbennig, wneud môr a mynydd o'r hen arfer o gerdded y terfynau, neu'n gywirach guro'r terfynau – yn llythrennol felly. Byddai'r hynafgwyr yn arwain eu plant i gerdded ffin y plwyf, a'u gorfodi i gofio mannau a oedd yn dynodi terfynau'r ffin trwy roi cweir iddyn nhw; tynnu wrth fôn eu clustiau; eu chwipio; eu curo â gwialen, neu hyd yn oed eu taflu i'r afon – fel na fyddai perygl iddyn nhw anghofio'r union fan.

Un o'r nodau hyn oedd Carreg Carn March Arthur. Cofiaf imi gael fy swyno'n blentyn gan yr hen chwedl ryfeddol am Arthur yn neidio ar ei farch llamsachus o ben Moel Fama – gryn dair milltir i ffwrdd – a disgyn yn yr union fan hon. "Edrych," meddai Dad wrthyf, "edrych: mae ôl carn ei geffyl i'w weld yn eglur yn y garreg!" Ydw, rwy'n dal i gofio lle mae carreg y ffin, er na chefais gweir i helpu'r cof.

Erbyn hyn y mae pob atgof am yr helyntion wedi cilio, a holl hacrwch y diwydiant plwm wedi derbyn triniaeth garedig amser a'i dreigl. Yr unig olion oedd yn aros yn nyddiau fy mebyd oedd yr hen siafftiau a'r lefelau, a ninnau blant yn cael ein rhybuddio rhag mynd yn agos atynt. Ond cofiaf inni wneud hynny un tro gan fentro at geg un o'r siafftiau a thaflu carreg i'r dyfnder ac aros i glywed ei sŵn yn disgyn i'r dŵr gannoedd o droedfeddi islaw, gan amcanu'r dyfnder ar sail yr ysbaid amser a gymerai'r garreg i ddisgyn.

Bellach, mae ardal y Loggerheads yn ardal o harddwch arbennig. Ym 1926 prynodd Cwmni Bysiau Crosville ddarn o dir yr ochr draw i'r afon, gyferbyn â'r hen dafarn, a'i droi'n lawntiau braf gyda stand ar gyfer seindorf, a thŷ bwyta crand gydag ystafell ddawns. Câi llawer eu denu i'r 'Crosville Tea Gardens' yn enwedig dros fisoedd yr haf, a darparodd y cwmni fysiau hwylus eu hamseriad, yn teithio o Benbedw a Chilgwri a threfi cyfagos. Cofiaf sefyll yn blentyn ar Ben-y-garreg-wen a chlywed seiniau'r band yn codi ar yr awel o'r gerddi islaw a'r ymwelwyr yn mwynhau'r diwrnod o 'wyliau' – yr unig ddiwrnod a gâi llawer ohonynt.

Byddai llawer o'r ymwelwyr hyn yn manteisio ar y cyfle i gerdded y Gob wrth ochr Afon Alun dan gysgod y coed gosgeiddig oedd ar ei glannau, i gyfeiriad Tan-y-graig, a rhai'n mentro mor bell â Rhyd-y-mwyn. Yno, ar garreg farmor, ceir cyfeiriad at ddau go enwog a gerddodd y llwybr hyfryd hwnnw:

FELIX MENDELSSOHN BARTHOLDY
born at Hamburg 1809, died 1847
composed "The Rivulet" in 1829
while visiting Mr. Henry Taylor
who rented Coed-du.

CHARLES KINGSLEY
born at Holme Vicarage, Devon, 1819,
died 23rd. Jany. 1875,
frequently walked along "The Leet"

Sawl Cymro a Chymraes enwog a gerddodd y llwybr, tybed, heb unrhyw gofnod o hynny ar garreg o farmor?

Pan gerddwn yn blentyn o'r Loggerheads i Dan-y-graig yn yr haf, gwelwn yn fynych ŵr truenus yr olwg yn eistedd wrth ochr y llwybr mewn agen yn y graig. O gylch ei wddf yr oedd darn o bren yn hongian wrth linyn ac arno'n ysgrifenedig: 'Please help. Blind from birth'. Ar y llawr o'i flaen yr oedd ei gap wedi ei osod yn ddisgwylgar i dderbyn elusen. Gan ein bod yn mynd heibio iddo yn aml daethom i nabod y truan, a daeth yntau i nabod llais fy mrawd a minnau. Goleuai ei wyneb wrth glywed llais plentyn yn ei gyfarch. Gwnaeth un gymwynas fawr â mi: dysgodd imi wers trugaredd yn gynnar yn fy mywyd. Ond ofnaf mai ychydig iawn o geiniogau oedd yn y cap ar ddiwedd y dydd. Yr oedd eironi arbennig i mi yn y ffaith ei fod yn eistedd mewn man arbennig o hardd a oedd yn denu cannoedd o ymwelwyr ac yntau'n gwbl analluog i weld yr harddwch hwnnw.

Nid Cwmni Crosville oedd yr unig rai a geisiodd fanteisio ar yr ymwelwyr i wneud ceiniog fach go lew. Ceisiodd ambell un o'r brodorion wneud rhywbeth tebyg, ond ar raddfa gryn dipyn yn llai. Agorodd f'ewyrth Tom oedd yn byw gerllaw, giosg wrth fynedfa'r Gerddi, i werthu hufen iâ a lemonêd. A byddai fy modryb Edith yn darparu tebotaid o de a bara brith yn ei chartref yn Nhai'r Felin gerllaw. Rhaid eu bod yn gwneud rhywfaint o elw o'u gwerthiant oherwydd y nhw a fu'n dwyn perswâd ar Mam i wneud rhywbeth tebyg yn Nhan-y-graig, gan awgrymu y byddai'r daith ar hyd y Gob wedi codi syched ac archwaeth bwyd ar yr ymwelwyr erbyn iddynt gyrraedd y fan honno!

Soniais o'r blaen fod llwybr y Gob yn mynd heibio i gefn ein cartref yn Nhan-y-graig. Yn rhagluniaethol, yr oedd un ffenest fach yng nghefn y tŷ yn edrych dros y llwybr o ben y grisiau. Penderfynodd Mam werthu siocled a lemonêd o'r ffenest fach, gan roi cloch at wasanaeth yr ymwelwyr i'w galw hi at ei stondin. Ond cyfaddefodd Mam druan mai'r cwsmer gorau wrth y stondin oedd hi ei hunan yn awr ei blys. Ac oedd, o degwch â hi, roedd Mam yn hoff iawn o siocled.

Unwaith y flwyddyn byddai te-parti mawr ar y buarth o flaen ein tyddyn. Galwai rhyw ugain neu ragor o bobl ifainc – aelodau o fudiad ieuenctid eglwysig oedd yn seiclo bob cam o ddinas Lerpwl ac yn trefnu gyda Mam fod te yn cael ei ddarparu ar eu cyfer, gyda bara brith a sgonsen yn drwch o fenyn cartre, a theisen sbwnj a nifer o ddanteithion eraill. Ar y dydd mawr byddai byrddau hir yn cael eu gosod ar drestlau a'u hulio â llieiniau gwynion. Deuai 'Nain Wyddgrug' draw i gynorthwyo, ac Anti Jini, ffrind Mam, yn brysurdeb i gyd. Mae'n siŵr fod y tywydd yn ystyriaeth, ond dyma'r cyfnod pan oedd yr hafau yn hirfelyn ac yn desog.

Gall rhywrai na wyddant am dlodi'r dyddiau hynny wenu uwchben ymdrechion y Cymry brodorol i wneud ceiniog. Ond bydd eraill yn deall yn iawn. Fe'm ganed – pe bai hynny o ddiddordeb i rywun – ym mlwyddyn Cwymp Wall Street. Blynyddoedd anodd oedd y rhain i dyddynwyr tlawd Pant-y-buarth a'r cyffiniau ac i lawer tyddynnwr arall, mae'n siŵr. Yr oedd fy nhad wedi treulio blynyddoedd yn Ypres ac ar y Somme, a darganfu pan ddaeth adre nad oedd gwisgo lifrai'r brenin o unrhyw gymorth iddo gael gwaith. Bu'n chwilio am waith yn y dociau yn Lerpwl, ond ofer fu ei ymdrechion, er iddo gael swydd dros dro fel 'commissionaire' mewn sinema. Bu'n gweithio am gyfnod mewn chwarel silica yn Y Waun, neu 'Gwernaffield' fel y gelwir y pentref heddiw. A dyna un rheswm, mae'n siŵr, pam y dioddefodd o emffysema yn ei henaint. Pan orffennodd y gwaith hwnnw rhoes gynnig ar waith arall sy'n rhan o'm hatgofion. Cofiaf ddarganfod ryw ddiwrnod mewn llofft gefn, fag lledr tebyg i fag doctor. Agorais y bag yn fy chwilfrydedd sbrotllyd a darganfod bagiau bach calico, pob un wedi ei glymu'n ofalus, yn llawn cerrig bach gwynion disglair. Methais â dal yn hwy; roedd rhaid imi gael gwybod beth oedd y trysor disglair. Y cyfle cyntaf, holais fy Nhad. "O," meddai, "un arall o'm hanturiaethau." Mae'n debyg fod gwythïen o galsbar mewn chwarel yn agos at Dan-y-graig a oedd yn cyflogi nifer fach o ddynion. Holodd fy nhad a oedd gwaith iddo ef yno. Gofynnwyd iddo fynd – am gyflog bach – o gwmpas y fro i geisio perswadio adeiladwyr i brynu calsbar o'r chwarel. A dyna'r eglurhad ar y bagiau calico yn y bag lledr: bagiau sampl oeddynt i argyhoeddi'r adeiladwyr o ansawdd y calsbar. Ond ofer fu ymdrechion fy nhad fel gwerthwr.

Blynyddoedd dedwydd oedd blynyddoedd fy mhlentyndod cynnar i mi, ond sylweddolaf iddynt fod yn flynyddoedd o galedi i'm rhieni. Bu llawer awr bryderus a llawer tro trwstan. Un o'r doniolaf, wrth edrych yn ôl, oedd helynt yr hwyaid bach. Fraser, y perchennog, oedd wedi galw yn Nhan-y-graig gyda hanner dwsin o gywion hwyaid mewn bocs, gan ofyn i Nhad eu magu a'u tewhau erbyn y Nadolig, pan fyddai'n galw i'w casglu, wedi eu pluo a'u diberfeddu, wrth gwrs. Doedd Jesse na minnau erioed wedi gweld hwyaid bach o'r blaen a dotiem atynt, yn un bwndel o fanblu melyn. Gwaetha'r modd, roedd Dad yntau'n ddibrofiad iawn yn y gwaith o fagu hwyaid. Tybiai yn ei ddiffyg gwybodaeth, pe câi'r hen gafn mochyn oedd yn segur yn y cut ei lenwi hyd yr hanner â dŵr a rhoi'r hwyaid i nofio ynddo, y byddent yn ddigon diogel i'w gadael am ychydig er mwyn iddo ef gael cyfle i fynd at ei fân orchwylion o gylch y tyddyn. Ymhen y rhawg, dychwelodd o'i ofalon ac aeth i edrych helynt y cywion bach, a darganfod eu bod oll wedi boddi. A hwythau'n anabl i ddringo ochrau serth y cafn, yr oeddynt wedi padlo nes diffygio'n llwyr, a threngi. Doeddwn i ddim yn y fan a'r lle pan alwodd Fraser ychydig ddyddiau cyn y Nadolig dilynol, a Dad yn ceisio egluro iddo fod ei hwyaid wedi boddi mewn cafn mochyn. Ond bu'n rhaid i deulu'r 'Cottage' wneud trefniadau brys y Nadolig hwnnw.

Digwyddodd un peth a allasai fod yn brofedigaeth yn hanes ein teulu. Roedd Dad wedi magu llo bach gwryw a dyfodd yn darw ifanc cryf. Caem ni blant ein rhybuddio i gadw draw oddi wrtho. Ond un diwrnod, ymosododd y tarw ar Dad, a'i gornio i'r llawr. Byddai wedi gwneud rhagor o alanastra oni bai i Mam fod yn yr ymyl, a gafael mewn picwarch ac ymosod ar y bwystfil. Ond bu Dad yn gaeth i'r tŷ am amser wedyn. Pan wellodd o'i ddoluriau a'i gleisiau penderfynodd werthu'r tarw ym marchnad yr Wyddgrug. Ond llwyddodd yr anifail i ddianc o'i afael wrth iddo gerdded i lawr y Stryd Fawr. Bu cryn gynnwrf, a phawb yn ffoi o lwybr yr anifail lloerig, cyn iddo gael ei gornelu yn y diwedd wrth fynedfa un o siopau'r dref. A dyna'r tarw olaf ddaeth i Dan-y-graig.

Wn i ddim sut y llwyddodd fy Nhad a'm Mam i gael deupen llinyn ynghyd ym mlynyddoedd cynnar y tridegau. Un ateb a gawn pan holwn i nhw am gyni'r cyfnod oedd, "Wel, roedd pawb arall yn dlawd yr un pryd â ni", gan fagu cysur o hynny. Ond roedd un cysur arall: roedd ganddynt y tyddyn yn gefn iddynt er gwaethaf pob helynt a welsant ar eu rhawd. Roedd ganddynt lefrith, a menyn ac wyau ar y bwrdd yn faeth iddyn nhw ac i'w plant ym mlynyddoedd eu tyfiant.

Collodd Mam ei thrydydd plentyn, merch fach a aned dri mis cyn ei hamser, ym mis Mawrth 1930. Soniodd i'r un fach gael ei gosod wrth y tân mewn gwlân cotwm i'w chadw'n gynnes, a nyrs yn galw bob dydd i'w heneinio ag oel olewydd. Bu farw ymhen yr wythnos, er pob gofal. Torrodd Mam ei chalon; soniai ar hyd y blynyddoedd am 'yr eneth fach', gan ofyn yn fynych, "Ys gwn i ble bydde hi rŵan pe bai wedi cael byw?"

Ddiwedd 1933 bu farw 'Nain Wyddgrug', mam fy Nhad. Dim ond brith gof sydd gen i amdani gan mai pedair blwydd a hanner oedd fy oedran pan fu hi farw, ond trysoraf yr unig lun sydd gennyf ohoni. Tua'r un adeg daeth 'Nain Sir Drefaldwyn', mam fy mam, i fyw atom. Roedd hi i bob pwrpas yn uniaith Gymraeg, gan mai ychydig iawn o Saesneg a siaradai, a phrofiad doniol i ni blant oedd ei chlywed yn ceisio ateb ambell Sais a ddeuai heibio a'i holi. Ond daeth â chyfoeth mawr i'n haelwyd o ran cymeriad a phersonoliaeth, a hynny drwy gydol blynyddoedd fy mebyd. Hen wraig grefyddol iawn ei hanian oedd Nain, a'i Thestament wrth ei phenelin, emynau lawer ar ei chof, a'i *Hallor Deuluaidd* yn ffon i bwyso arni. Ei hoffter mawr oedd bod gydag anifeiliaid y tyddyn; a hithau wedi ei magu ar fferm ddefaid yn Sir Drefaldwyn, roedd hi gystal ag unrhyw filfeddyg am drin anifail claf.

Sylweddolaf, bellach, fod Nain wedi dwyn dogn o ddylanwad Sir Drefaldwyn ar ein bywyd yn Nhan-y-graig, yn Sir y Fflint. Tra byddai pawb arall yn troi'r gwair i'w sychu gyda phicwarch, byddai Nain yn defnyddio cribin bren, a'r gribin wedi ei chario'r holl ffordd o un o'i hymweliadau â sir ei mebyd, a hynny ar fws a thrên. A daeth â geirfa a thafodiaith ei hen sir gyda hi – geiriau fel 'sietin' ac 'wtra' a 'bing' – fel mai anodd i mi yn fynych oedd gwybod p'un ai geirfa Sir y Fflint ynteu Sir Drefaldwyn oedd ambell air a ddeuai'n naturiol i'm gwefusau.

Nid rhyfedd, o gofio dylanwad yr aelwyd arnom, ein bod ninnau blant i bob pwrpas yn uniaith hyd nes y daeth y dydd inni fynd i'r ysgol gynradd. Jesse fy mrawd oedd y cyntaf i fentro'r daith ddwy-filltir-a-hanner i Ysgol y Waun. Cofiaf Mam yn dweud iddi geisio egluro i Miss Lloyd, athrawes y dosbarth derbyn, y diwrnod cyntaf hwnnw, mai Cymraeg oedd iaith ein haelwyd ac na feddai Jesse unrhyw Saesneg o werth. Yr ateb swrth a gafodd oedd, "Why don't you teach your child to speak a civilized language?"

Tri o athrawon oedd yn yr ysgol honno, dan arweiniad Mr. Evelyn Price, y prifathro. Cadwai ddisgyblaeth lem ar y plant. Ac yr oedd y wialen ystwyth ei phlyg, bob amser yn ei law, yn fwy na bygythiad yn unig. Ysgol Eglwys oedd Ysgol y Waun, a'r Ficer Raymond Corfield, gŵr corffol, Pickwickaidd yr olwg, yn bwrw i mewn yn achlysurol i holi'r catecism.

Am wn i, doedd yr ysgol honno na gwell na gwaeth nag unrhyw ysgol arall yn yr ardal bryd hynny. Cofiaf y lliwiau ar y muriau, a'r map o'r Ymerodraeth Brydeinig yn ganolbwynt bwriadus i bob llygad, a chofiaf hefyd y 'Tortoise Stove, slow but sure' yn cynhesu pob ystafell ddosbarth. Ond ni chofiaf glywed gair o sôn am Daniel Owen a'i nofelau er ein bod ni mor agos at ei gartref a'i fro, nac ychwaith am frwydr Garmon ddewr, er bod y gofgolofn i'w fuddugoliaeth ar Faes Garmon o fewn tafliad carreg go dda o'r ysgol, ac ni ddysgwyd ni i ganu un gân nac un emyn yn Gymraeg.

Ond cofiaf un digwyddiad arwyddocaol iawn. Un diwrnod cerddodd gŵr diarth i mewn i'r ysgol a holi pa nifer ohonom oedd yn siarad Cymraeg. Ychydig ddyddiau'n ddiweddarach gorchmynnodd y prifathro fod pob plentyn a fedrai siarad Cymraeg i fynd gyda'i gilydd i un ystafell ddosbarth dan arweiniad Mr. Evans, yr unig athro a fedrai'r iaith, a chawsom 'wers Gymraeg' ganddo. Yr oeddwn yn syfrdan; synnais a rhyfeddais at rai o'r geiriau newydd a ddysgais. Ei gwestiwn cyntaf inni oedd, "Beth yw'r gair Cymraeg am 'clock'?" Neb yn ateb. Ymhen hir a hwyr, dyma Mr. Evans yn torri ar y mudandod gan ddatguddio'r ateb: 'awrlais'. Yr oeddwn yn rhyfeddu;

ni chlywais erioed y fath air. Yr un modd, pan ofynnodd beth oedd y gair Cymraeg am 'watch', a neb yn ateb am yr eildro, dyma'r athro'n datgelu mai 'oriawr' oedd y gair cyfrin. Aeth y wers – yr unig wers Gymraeg a gefais yn yr Ysgol Gynradd – rhagddi o gam i gam ac o'r naill ddatguddiad syfrdan i'r nesaf.

Pan gyrhaeddais adref y noson honno, ac adrodd am y darganfyddiadau ieithyddol newydd a wneuthum yn y wers, allwn i ddim deall pam roedd fy rhieni'n chwerthin yn braf. Pwy, tybed, oedd yr arolygwr oedd wedi galw yn yr ysgol a chreu'r fath gyffro?

Yr unig sefydliad yn yr ardal oedd yn hybu'r Gymraeg oedd y capel. A'r capel lle'r addolem ni oedd Soar, Pant-y-buarth, yn perthyn i enwad yr Annibynwyr, adeilad bach unllawr o frics cochion, a'i ffenestri'n edrych allan dros faes golff Pant-y-mwyn. Ar ei dalcen cerfiwyd yr arysgrifen: 'Ffoaduriaid a ddeuant yma'. Yn fy anwybodaeth tybiais mai adnod o'r Beibl oedd y geiriau ond chwiliais yn ofer amdani. Yna gwawriodd arnaf mai cyfeiriad at Lot a'i deulu yn ffoi o ddinistr Sodom a Gomorrah i ddinas fechan Soar oedd y geiriau. Mae'n amlwg fod yr hen dadau gynt yn gwybod yn iawn beth oedd arwyddocâd enwau eu haddoldai. I Soar y ffodd fy rhieni innau i chwilio am ddinas noddfa, gan ddwyn fy mrawd a minnau'n blant gyda nhw.

Ychydig oedd nifer yr aelodau, llai fyth nifer y gynulleidfa. Pregethwyr cynorthwyol a wasanaethai yno amlaf ar y Sul, ac ambell waith weinidog yn gweinyddu'r Cymun. Parhaf i ryfeddu at ymdrech y pregethwyr hyn yn teithio filltiroedd lawer o Wrecsam, Coedpoeth, Gwersyllt, Y Rhos, Mancot, Mostyn, Yr Wyddgrug – gallwn enwi mannau eraill – i draddodi eu neges i lond dwrn, a chael arian gleision am eu trafferth. Amrywient o ran eu doniau, mae'n wir, ond fe'm hargyhoeddwyd ganddynt o ddidwylledd eu ffydd.

Yr oedd un ohonynt yn ffefryn mawr gennyf, sef Robert Jones, Gwersyllt, pregethwr lleyg ar y Sul, torrwr porfa a glanhäwr cwteri ar ddydd gwaith. Edrychwn ymlaen yn fawr at ei ymweliadau; ef oedd yr unig bregethwr oedd yn ymostwng i 'ddweud gair wrth y plant'. Y gwerinwyr syml hyn, er eu ffaeleddau mewn dysg a dawn, oedd yr unig gyfryngau llafar ym mlynyddoedd cynnar fy mywyd a roes fynegiant cyhoeddus i iaith fy aelwyd. A'u hysgogiad? Dim byd llai na bod yn genhadon dros eu Harglwydd.

Dau ddiacon oedd yn Soar: John Davies, y saer, a Robert Edwards, y chwarelwr. Yr oedd y naill a'r llall yn gymeriadau gwreiddiol, 'hen ŷd y wlad'. Pan na fyddai pregethwr yn Soar, byddai'r ddau yn cymryd at yr awenau.

Cofiaf John Davies yn mynd ar ei liniau yn y Sedd Fawr i weddïo, ac yn blentyn, ni allwn ddeall pam roedd dagrau'n treiglo i lawr ei ruddiau bob amser wrth weddïo. Gwisgai esgidiau hoelion mawr â phedolau dur ac wrth blannu ei droed yn drwm ar y linoliwm roedd wedi treulio twll ynddo. Ond doedd neb yn edliw hynny i'r hen gymeriad didwyll oherwydd gwyddai pawb mai traul ei droed ar lawr ei gapel oedd rhan go bwysig o stori'i fywyd.

Erbyn hyn mae Soar wedi ei droi – nid yn garej nac yn ystordy – ond yn dŷ byw i deulu bach. Rwy'n falch bod teulu yno; gobeithio eu bod yn synhwyro rhywbeth o ysbrydolrwydd yr hen le. O'm rhan fy hun, bob tro yr af heibio iddo, codaf fy nghap i gydnabod fy nyled i'r hen werinwyr syml a addolai yno, fy rhieni fy hun yn eu plith.

Pan oeddwn yn wyth oed, penderfynodd fy rhieni symud o Dan-y-graig i dyddyn arall ychydig yn uwch yn y dyffryn. Credaf iddynt deimlo Tan-y-graig yn feichus; ychydig o dir oedd yno, a hwnnw'n drafferthus i'w gynaeafu. Beth bynnag am hynny, symud fu ein hanes, a hynny i'r Argoed, lle'r oedd teulu fy nhad wedi bod yn byw flynyddoedd ynghynt. Ond stori arall yw honno.

W. T. PENNAR DAVIES, 1911–96

Mor anodd yw rhoi Pennar mewn ffrâm o ychydig eiriau! Gallem lenwi'r portread hwn â rhestr o'i gyflawniadau a'i gynhyrchion llenyddol a diwinyddol, a hynny heb ddweud yr hanner amdano. Un ffordd i'w ddisgrifio yw ei alw'n *polymath*, yn Sgolor Mawr, ac mae ambell un wedi defnyddio'r term diffiniol hwnnw amdano. Ond roedd ef ei hun yn berson mor wylaidd a gostyngedig fel mai go brin y byddai'n caniatáu'r fath label. Ond ystyrier hyn: er mai pedair awr ar hugain oedd yn ei ddiwrnod ef fel pob meidrolyn arall, o fewn yr oriau a roddwyd iddo bu'n weinidog ac yn bregethwr, yn ieithydd, yn llenor, yn fardd ac yn nofelydd, yn feirniad llenyddol ar brif gystadlaethau'r Eisteddfod Genedlaethol, yn ddarlithydd ac yn brifathro coleg, yn dal swyddi academaidd o bwys, yn ymgeisydd seneddol dros Blaid Cymru ar ddau gynnig, ac yn ymgyrchydd selog dros y Gymraeg. Does ryfedd ei fod yn gwenu'n drist ar yr holwr hwnnw ofynnodd iddo beth roedd yn ei wneud yn ei oriau hamdden.

Oherwydd roedd Pennar yn llawer mwy na sgolor mawr. Mawr dda i'r sawl sy'n pentyrru gwybodaeth ar ei bererindod drwy fywyd, ond cawn oll ein barnu am yr hyn a wnawn â'r wybodaeth honno. Oedd, roedd dyfarniad D. Densil Morgan amdano yn llygad ei le: 'Gŵr anarferol o ddysgedig ac eithriadol o ddisglair' oedd Pennar, ond rhaid gosod dyfarniad R. Tudur Jones yn dynn wrth ei sodlau: 'Cafodd Pennar bererindod ysbrydol unigryw. Prin fod unrhyw weinidog Cymraeg wedi tramwyo'r un llwybr ag ef.'

Nid gwaith rhwydd yw ceisio cloriannu ei arbenigrwydd. Un rheswm am hynny yw bod sawl paradocs yn ei fywyd. Saesneg oedd iaith ei aelwyd yn Aberpennar, ond i Gymru a thros Gymru y gwnaeth ei gyfraniad pennaf. Casglodd raddau academaidd disglair yn ystod ei yrfa, ond ni wisgodd neb erioed mo'i ddysg yn esmwythach nag ef, a dewisodd y cymal, 'Y Brawd o Isel Radd' i'w ddisgrifio'i hunan yn nheitl un o'i lyfrau. Aeth trwy gyfnod o agnosticiaeth yn gynnar yn ei fywyd, ond tua diwedd y tridegau daeth tro yn ei argyhoeddiadau, a sylw ei gyfaill Gwynfor Evans amdano oedd 'yn awr gwelodd mai Crist a'i groes a roddai ystyr i'w fywyd.' Ond hyd yn oed wedyn, ar ôl y 'tro' ffyddiog hwnnw, mae'n anodd rhoi label ar ei ddaliadau, a barnu o leiaf wrth gasgliadau ambell sylwedydd. Clywais ambell un yn awgrymu ei fod yn 'Undodaidd' ei dueddiadau diwinyddol, ond pan bregethai yng ngwasanaeth boreol y coleg deuai'r nodyn 'efengylaidd' i'r amlwg yn ddi-ffael, yr un taerni efengylaidd ag a geir mor aml yn ei gyfrol *Cudd fy Meiau*, sy'n ddyddlyfr defosiynol cwbl arbennig.

Y rhyfeddod pennaf yw bod Pennar wedi gallu elwa ar gyfleoedd addysg prifysgol o gwbl, o ystyried mor dlawd oedd ei fagwraeth ar yr aelwyd yn Aberpennar gan ei rieni, Jo ac Edith Davies. Meddai ef ei hun:

> Un diwrnod daeth bonesig ryfedd i'n tŷ tlawd, mewn dillad du a chyda gorchudd yn cuddio ei hwyneb. Dywedodd mewn Saesneg a hwnnw'n Saesneg dieithr o goeth ei bod yn awyddus i roi cymorth ariannol i fachgen tlawd a oedd yn ei haeddu.

Mrs Fitzgerald oedd y wraig. Yr oedd newydd golli ei gŵr, gan etifeddu ei gyfoeth a'i awydd i helpu teuluoedd tlawd. Dyna pam y daethai hi i Aberpennar – un o ardaloedd mwyaf dirwasgedig Prydain ar y pryd. Mae'n debyg mai'r meddyg lleol oedd wedi ei chyfeirio at 11 Heol Dyffryn a'r bachgen disglair a drigai yno. Trwy nawdd Mrs Fitzgerald llwyddodd Pennar i gael addysg bellach yng Ngholeg Balliol yn Rhydychen, ac yn rhannol ym Mhrifysgol Iâl yn yr Unol Daleithiau. Ond pan glywodd Mrs Fitzgerald fod Pennar wedi cofrestru fel gwrthwynebydd cydwybodol, peidiodd y nawdd mor sydyn ag y dechreuodd.

Os cafodd nawdd ar dro, gwybu aberth hefyd. Gwahoddwyd ef i ymgeisio am gadair yng Ngholeg Mansfield yn Rhydychen. Gwrthod y gwahoddiad a wnaeth, gan ddweud mai Cymru oedd dewis faes ei alwedigaeth. Ond er iddo ddod yn Athro ym Mala-Bangor ac yn Aberhonddu, a llenwi cadair Prifathro yn y Coleg Coffa yn Abertawe hyd ei ymddeoliad yn 1981, magodd ei deulu ar fywoliaeth ddigon main. Ers 1943 yr oedd wedi priodi â Rosemarie Wolff, merch ifanc o Berlin oedd yn nyrsio ar y pryd yn Ysbyty Radcliffe, Rhydychen. Magwyd ganddynt bump o blant: Meirion, Rhiannon, Geraint, Hywel ac Owain, a ddaeth â diddanwch mawr i'r aelwyd.

Os ydych am wybod rhagor am Pennar, a bod eich amser yn brin, darllenwch yr unig emyn o'i waith sydd yn *Caneuon Ffydd*, rhif 123.

Os oes gennych hamdden, darllenwch ei glasur *Cudd fy Meiau*. Wedi'r cyfan, Pennar ei hun sy'n egluro:

Dyna ran o bwrpas y dyddlyfr hwn; cyffes – cydnabod fy mai gerbron Duw a cherbron fy enaid fy hun a cherbron fy mrodyr a'm chwiorydd yng Nghrist. Mae'n debyg y daw pob un a fo'n ymdrafferthu i ddarllen y cyffesion hyn i wybod pwy ydwyf.

DILYN AFON ALUN

Go brin y ceir enwau mwy hynafol yn y Gymraeg na'r enwau a roddwyd ar afonydd ein cenedl, gan gynnwys Afon Alun. Myn rhai fod tarddiad yr enw'n mynd yn ôl mor bell ag un o dduwiau'r hen Geltiaid, Alaunos, a bod a wnelo'r enw â thuedd yr afon arbennig hon i grwydro ac ymddolennu ar ei thaith.

Wedi tarddu ar fryniau Cyrn y Brain uwchlaw gweundir Llandegla, mae Afon Alun yn mynd ar ei phen i gyfeiriad y gogledd, heibio i bentrefi Llandegla a Llanferres a'r llecyn sy'n dwyn yr enw gogleisiol Loggerheads. Ar y rhan hon o'i thaith mae'n fwrlwm i gyd, ar gymaint o frys fel nad oes ganddi amser i godi cap i gyfeiriad rhai o enwogion y fro a fagwyd ar ei glannau, megis Tegla Davies a John Davies o Fallwyd, heb sôn am dalu gwrogaeth i un o arlunwyr blaenaf Cymru a fu'n byw yng Ngholomendy, gerllaw Loggerheads, neb llai na'r enwog Richard Wilson, y gŵr a baentiodd yr arwydd ar y dafarn leol a hynny am dâl o beint o gwrw, os gwir y sôn.

Rhwng Loggerheads a Rhyd-y-mwyn ceir golwg ar un o ystranciau'r afon. Mae un o enwau'r fro yn tystio i hynny – Hesb Alun – gan fod yr afon yn y cyffiniau hyn yn mynd dan ei gwely ym misoedd yr haf, a'i dyfroedd yn diflannu trwy'r mynych llyncdyllau sydd i'w gweld ar ei gwely. Mae hen chwedloniaeth y fro yn rhoi'r bai ar Benlli Gawr am ddiflaniad yr afon. Yn yr oesoedd cynnar pan oedd cewri'n rhodio'n daear, yr oedd Cynhyfal Sant wedi pentyrru tân ar ben Benlli Gawr, a drigai ar Foel Fenlli uwchben dyffryn Alun. Yng ngwewyr ei boenau arteithiol neidiodd Benlli i Afon Alun, ond gwrthododd yr afon wneud dim oll i liniaru poenau'r Cawr; dewisodd yn hytrach ymguddio dan ei gwely!

Mwy credadwy – os llai cyfareddol – yw'r ffaith fod yr afon, yn y rhan hon o'i thaith, yn llifo dros galchfaen garbonifferaidd, fandyllog, gan ei herydu dros amser, a thrwy hynny yn ffurfio llyncdyllau ac ogofâu, rhai ohonynt yn sylweddol eu maint. Digwyddodd hynny yn hanes Afon Alun rhwng Loggerheads a Rhyd-y-mwyn, gan beri anawsterau dybryd i'r diwydianwyr hynny a aeth ati i gloddio am blwm yn yr ardal, yn bennaf yn y ddeunawfed ganrif a'r bedwaredd ganrif ar bymtheg.

Wrth ddilyn cwrs yr afon dan gysgod y Garreg Wen, craig o galchfaen sy'n sefyll fel tŵr gwarcheidiol uwchben Loggerheads, mae'n anodd dychmygu'r newid a fu yn nhirlun y fro dros y canrifoedd diweddar. Heddiw, un o atyniadau Parc Gwledig Loggerheads (fel y'i gelwir) yw cerdded llwybr y Leete – neu'r Gob yn iaith yr hen frodorion – wrth ochr yr afon, ac ymhyfrydu ym mhrydferthwch coediog un o lecynnau harddaf gogledd Cymru. Go brin fod estroniaid a ddaw i'r fro yn sylweddoli eu bod nhw'n cerdded ar olion hen gamlas a gynlluniwyd gan ddiwydiannwr o'r enw John Taylor (1779–1862). Rhedai'r gamlas am dair milltir o Loggerheads i Ryd-y-mwyn, a bwriad Taylor oedd sicrhau cyflenwad o ddŵr hyd yn oed yn yr haf, pan fyddai'r afon yn sychu, ar gyfer pwmpio'r dŵr o'r siafftiau a'r pyllau a frithai'r dyffryn. Cofied y sawl sy'n cerdded y Gob rhwng Afon Alun a'r gamlas fod y dyffryn hwn yn atseinio gynt i sŵn morthwylio a chlindarddach offer y gweithwyr plwm, yn wŷr a gwragedd, a fu yma'n ennill bywoliaeth gyndyn a rhyfedd o beryglus.

Gellir cerdded y Gob mor bell â Rhyd-y-mwyn, gan groesi pont fach gul a simsan mewn un man, uwchben Ceunant y Cythraul, a syllu ar yr afon droedfeddi lawer islaw'r llwybr. Yn Rhyd-y-mwyn ceir cofeb yn cofnodi bod y cerddor Felix Mendelssohn, wrth gerdded y Gob, wedi ei ysbrydoli i gyfansoddi 'The Rivulet', gwaith telynegol ei natur sy'n mynegi'r cyfaredd a brofodd wrth wrando ar dreigl dyfroedd grisial yr afon.

Ond os oes cyfaredd gan Afon Alun ger Rhyd-y-mwyn, mae arswyd yno hefyd. Wrth ddilyn yr afon bydd y teithiwr yn darganfod ei bod, mewn un man arbennig, yn cael ei dargyfeirio trwy sianel o goncrid. Y rheswm am y dargyfeirio oedd bod Alun, adeg yr Ail Ryfel Byd, wedi gwasanaethu anghenion ffatri gudd a oedd yn cyflogi 1,700 o weithwyr, a'r cyfan yn digwydd dan yr amodau cyfrinachol llymaf. Y rheswm am y cyfrinachedd oedd bod ffrwydron nwy mwstard yn cael eu cynhyrchu yno, a'u storio yn ogofâu'r ardal, ogofâu a luniwyd yn wreiddiol gan ddyfroedd yr afon, ond a helaethwyd i ddibenion y fasnach arfau. Clywsom lawer am 'arfau dinistr torfol' yn Irac, ond pwy feddyliai y byddai'r fath arfau barbaraidd yn cael eu darparu a'u storio ar dir Cymru?

Yn Rhyd-y-mwyn hefyd y ceir enghraifft arall o ystranciau Afon Alun. Gwelsom eisoes fod ei thrywydd cyntaf i gyfeiriad y gogledd. Ond yn Rhyd-y-mwyn mae'n gwyro'i gwely i gyfeiriad sydd am y pegwn eithaf â'i thrywydd gwreiddiol, gan lifo i'r de-ddwyrain heibio i'r Wyddgrug. Myn y rhai sy'n arbenigwyr ar ystranciau afonydd fod rhaid mynd yn ôl ymhell, bell i Oes yr Iâ am eglurhad. Eu damcaniaeth yw bod rhewlifiad grymus wedi atal llwybr yr afon a'i gorfodi i chwilio llwybr arall ar y ffordd i'r môr. Does ryfedd fod Isaac Foulkes, cofiannydd Daniel Owen, wedi gwneud y sylw sychlyd fod Alun 'yn cymryd cwmpas hir'.

Gwyddai ein prif nofelydd Daniel Owen yntau am beryglon yr afon. Gweithiai glowyr ardal yr Wyddgrug dan amodau rhyfedd o beryglus, gan ofni bygythiad y dŵr a lifai'n ddi-rybudd i'r ffâs lle'r oeddent yn torri'r glo, lawn cymaint ag a wnâi'r gweithwyr plwm hwythau. Ceir un hanesyn ingol ganddo yn ei hunangofiant:

> Ffair Glamai, Mai 12fed, 1837, torrodd y dŵr yn y gwaith [Pwll yr Argoed] a boddwyd fy nhad a'm dau frawd, ac amryw eraill. Gadawyd fy mam yn weddw gyda phedwar o blant – myfi yn blentyn saith mis oed. Amgylchiad ofnadwy oedd hwnnw i fy mam, a bu agos allan o'i phwyll am lawer o wythnosau, gan godi bob awr o'r nos wedi claddu ei gŵr a'i dau fab, ac agor y ffenestr, gan ryw led-ddisgwyl eu gweled yn dyfod adref o'r gwaith.

Mae Afon Alun yn llifo o gyffiniau'r Wyddgrug trwy ddyffryn llydan heibio i ddau bentref sydd o bosibl yn ddyledus i'r afon am eu henwau hynod. Y naill yw Llong, ond camgymeriad fyddai disgwyl gweld unrhyw long, fach neu fawr, yn angori yno. Ystyr 'llong' yn yr achos hwn yw tir gwlyb neu gorslyd, a diau mai ar Alun y mae'r bai am hynny. Y pentref arall yw Caergwrle. Mae twyll yn yr enw; hawdd credu mai enw cwbl Gymraeg ydyw, ond y gwir yw mai hanner yr enw sy'n Gymraeg, sef 'Caer' – mae hynny'n amlwg. Saesneg yw'r hanner arall, mae'n debyg. Cofnodwyd yr enw mor gynnar â'r bedwaredd ganrif ar ddeg fel 'Caer-gorley' a dyfalwyd mai ystyr yr enw 'corley' yw 'garan y ddôl' ('river-meadow crane'). Gydag ychydig bach o ddychymyg gellir beio Alun am yr enw hynod hwnnw hefyd gan mai hi yw'r afon sy'n llifo trwy'r ddôl honno.

Enw'n dwyn i gof y dyddiau mwy hamddenol a fu gynt yw 'Caergwrle', felly, ond erbyn heddiw mae hon yn ardal boblog, brysur, heibio i Abermorddu a Chefn-y-bedd, ac erbyn cyrraedd Llai mae'r afon yn llifo drwy olion diwydiannol, er bod pyramid hen lofa Llay Main bellach wedi ei symud o'r tirlun. Ond mae'r bryngaer, Bryn Alun, wedi bod yn cadw gwyliadwraeth ar yr afon oddi ar oes yr arth a'r blaidd, gellid tybio. Gwelodd rhywrai gyfle i droi glannau'r afon yn warchodfa natur ac yn barc hamdden, ac erbyn heddiw mae'n braf clywed lleisiau brwd plant a theuluoedd ifainc yn chwarae ym Mharc Dyfroedd Alun.

Mae Alun yn gwneud un tro sydyn arall, gan ddilyn llwybr yr A483 cyn troi am Yr Orsedd Goch, neu Rossett, yn union fel pe bai'n awyddus i roi siâr o'i dyfroedd i droi'r olwyn fawr yn yr hen felin yno. Bellach, mae'n llifo ar wely sy'n go wahanol i'r galchfaen a nodweddai ei gwely'n gynharach ar ei thaith. Yn awr, tywodfaen a graean yw ei gwely wrth iddi lifo'n araf a hamddenol i gyfeiriad Afon Dyfrdwy. Ei pheryg hi wrth lifo trwy'r gwastatir, fel pob afon arall, yw torri dros ei glannau. Gwnaeth hynny'n gymharol ddiweddar yn y flwyddyn 2000 gan beri gofid a phryder i lawer aelwyd yng nghyffiniau Trefalun.

Ond yn hytrach na chodi dwrn ar yr hen afon ystranclyd a'i melltithio, cofiwn am y fendith a ddaeth i froydd y gwastatir drwyddi: dros y canrifoedd, cludodd Alun faeth a braster yr ucheldir gyda hi, a'u taenu'n achles ar y tir o gwmpas ei glannau.

Yr olwg olaf un a gawn ar Alun gastiog a chwareus yw wrth iddi hi ei hun gael ei llyncu gan afon fwy grymus ei llif, sef y Ddyfrdwy, a'i chludo yn ei mynwes i gyfeiriad yr aber llydan, y tu hwnt i ddinas Caer.

GWÝR Y FE

Ymdriniaeth â 50 o eiriau tafodieithol yn
ardal de-ddwyrain Sir Gaerfyrddin

'Tafodiaith Gwŷr-y-Fe' – dyna'r enw a arddelir gan hen frodorion yr ardal sy'n ymestyn o dref Llanelli heibio i bentrefi Felin-foel, Dafen, Llwynhendy, Bynea, Y Bryn a Llangennech, sef ardal de-ddwyrain Sir Gaerfyrddin. O fewn i'r ardal hon, gwrandewais ar rai o'r brodorion hynny yn defnyddio ambell air ac ymadrodd na chlywais mohonynt mewn unrhyw fan arall. Yma, cynigiaf groestoriad ohonynt.

Nid geirfa wahanol yw unig nodwedd tafodiaith bro, serch hynny. Fel y mae'r teitl yn awgrymu, pennaf nodwedd 'Tafodiaith Gwŷr-y-Fe' yw'r defnydd hynod o'r rhagenw personol 'fe'. Mae gan 'Wŷr-y-Fe' dair ffordd o gyfarch ei gilydd: 'Shwd ŷch chi?'; 'Shwd wyt ti?' a 'Shwd i fe?' A natur y berthynas rhwng y siaradwyr a'i gilydd fydd yn penderfynu pa un o'r tri chyfarchiad a ddefnyddir.

Ond i gymhlethu pethau ymhellach, yr hyn sy'n gwneud y dafodiaith hon yn hynotach fyth yw'r ffaith fod y rhagenw personol 'fe' yn cael ei ddefnyddio nid yn unig wrth gyfarch gwryw ond wrth gyfarch menyw yn ogystal!

Hynodrwydd arall yw bod ffurf wahanol i ail berson modd gorchmynnol y ferf yn digwydd yn nhafodiaith 'Gwŷr-y-Fe'. Er enghraifft, newidir 'Eistedd' i 'Eisteddw'. (Gweler Rhif 14).

Ysywaeth y mae'r hen dafodiaith yn prysur ddarfod o'r tir. Anaml y clywir hi'n cael ei defnyddio ac eithrio ar wefus ambell henwr neu henwraig. Ac y mae hynny'n drueni mawr. Gwn am rywrai sy'n ymgyrchu'n ddiwyd i ddiogelu ambell rywogaeth sydd dan fygythiad yn y byd naturiol. Mawr dda iddynt, ddywedaf i; mae gan bob rhywogaeth yr hawl i fyw, a byddai ein byd yn dlotach hebddynt. Ond y mae gan ein tafodieithoedd yr un hawl i fyw. Dônt â lliw i'n hiaith a chymeriad i'n cymunedau.

1. **ACHA** (arddodiad)
   Yn ôl Geiriadur Prifysgol Cymru y mae'n digwydd ym Morgannwg,
   Mynwy a De-ddwyrain Caerfyrddin. Fe'i clywir yn gyffredin yn ardal
   Llanelli, a'i ystyr yw 'ar', 'ar gefn':
   "Ma' llawer yn siopa **acha** Dy' Gwener, ar gownt y penwythnos."
   "Pwy dda'th rownd y gornel **acha** motobeic ond Llew y gwas."
   Digwydd yn gyffredin yn yr ymadrodd '**acha** wew' yn golygu 'ar osgo'.
   "Ma'r stôl 'na **acha** wew, 'dyw hi ddim yn saff i ishte' arni."

2. **Â'TH** (enw gwrywaidd, lluosog: -au)
   Mae G.P.C. yn awgrymu dau ystyr i "**aeth**", sef
   (a) 'poen', 'gloes', 'tristwch' (e.e. yn y gair 'hir**aeth**')
   (b) yn gyffredin yn y De: 'ofn', 'dychryn'; mae'n ymylu ar 'arswyd'.
   Ceir yr ail ystyr hwn (b) yng nghyffiniau Llanelli:
   "Ma' meddwl am rywun yn camdrin plentyn bach yn hala **â'th** arna' i."

3. **BIETIN** (enw gwrywaidd; lluosog: -au)
   Gair teirsill yw 'bietin' yn ôl G.P.C., a benthyciad o'r Saesneg 'beating'.
   Yn ogystal â'r enw, ceir berf gyfatebol: 'bietingo' a nodir offer a ddefnyddir:
   'bietingaib'.
   Yr arfer slawer dydd oedd digroeni'r tir pan fyddai'n llawn chwyn, gan
   ddefnyddio aradr frest neu fath ar hof i wneud y gwaith. Wedyn, aed
   ati i gasglu ynghyd y tyweirch o sofl neu chwyn a'u llosgi; yna gwasgaru'r
   cyfan dros y tir fel gwrtaith:
   "Ma' wedi bod yn flwyddyn wael; bydd raid inni feddwl am wneud
   bietin 'leni 'to."

4. **CALEDU** (berf o'r ansoddair 'caled')
   Roedd yr hen bobl yn ofalus iawn wrth gadw dillad yn 'gras'. Yn ne-
   ddwyrain Sir Gaerfyrddin sonnir am '**galedu** dillad'.
   (Mewn llythyr): "Byddwn yn disgwyl amdanoch Ddydd Sadwrn. Mae'r
   pantri'n llawn a bydd y gwely plu wedi'i **galedu**."

5. **CEIN** (enw gwrywaidd)
   Gair cyffredin ym mhentref Llangennech yw 'cein' er nad yw G.P.C.
   yn rhestru'r gair. Ei ystyr yw 'tymer ddrwg'. Sonnir am berson 'yn ei

gein', neu'n 'mynd i'w **gein**'. Yn yr Atodiad y mae G.P.C. yn nodi'r ferf 'ceinwrychu' sef 'codi gwrychyn', 'amlygu llid neu ddicter': "Gadewch lonydd iddo. Unweth ma' fe'n mynd i'w **gein** ddaw e' ddim i'w 'unan am sbel."

6. **CIDELL** (enw benywaidd; lluosog: -au)
Defnyddir y gair hwn yn ne-ddwyrain Dyfed i ddisgrifio dull o bysgota gyda rhwyd. Ond yn ôl G.P.C. fe'i defnyddir hefyd i ddisgrifio cornel heb ei thrin mewn cae (Saesneg: 'kiddle'), a chlywais rywrai'n awgrymu mai dyna darddiad yr enw ar y pentref bach, Kittle, ym Mro Gŵyr. Yn Llanelli, serch hynny, fe ddefnyddir '**cidell**' am 'ale', 'lôn fach', neu 'lwybr': "Sut ddethoch chi 'ma: ar hyd y ffordd fawr neu lawr y **gidell**?"

7. **CLUNHEC(I)AN** (berf, 'clun' + 'hecian')
Mae G.P.C. yn ei nodi fel amrywiad ar 'clunhercian', sef 'cerdded yn gloff o'r glun, hercian, cerdded yn gymhercyn'. Ond yn ardal Llanelli, y ffurf 'clunhecan' a ddefnyddir:
"Dyma Dai yn dod o gam i gam, mae'n **glunhecan** yn druenus heddi, pwr dab."

8. **COLAN** (berf)
Dyma air arall nad yw'n cael ei nodi yn G.P.C. ond fe'i defnyddir yn Llangennech am gerddediad dyn meddw sy'n gwyro o'r naill ochr i'r llall: "Ma' Wil wedi ca'l mwy na'i ddiferyn heno; mae'n **colan** yn ddiogel."

9. **CRABAN** (enw benywaidd)
Benthyciad o'r Saesneg, 'crab (apple)'. Ond yma defnyddir y ffurf fachigol, fenywaidd. Ceir hefyd ffurf wrywaidd gyfatebol: 'crabyn' ac fe'i defnyddir yn drosiadol am berson sur, ac ambell waith am gybydd neu ddyn crintachlyd. Ond clywais frodor o dref Llanelli yn dweud am deulu lluosog iawn eu bod nhw "fel had y **graban**".

10. **CRYTSACH** (enw lluosog)
Mae 'crwt', 'crwtyn' a 'chroten' yn gyffredin iawn yn yr ardal, a hefyd defnyddir y lluosog benywaidd 'crotesi'. Gellir defnyddio'r termau hyn gydag anwyldeb wrth sôn am blentyn. Ond nid felly pan sonnir am 'grytsach'. Mae awgrym o'r diraddiol yn y gair hwnnw:
"Ma'r **crytsach** lan i ryw ddrygioni o hyd, yn creu trwbwl bob min nos."

11. **CYRN(H)OI** (berf o'r ansoddair 'cryno')
Ffurf lafar sydd yma. 'Rŷm ni'n gyfarwydd â'r ffurf lenyddol 'crynhoi', sy'n golygu 'casglu ynghyd', 'cynnull', 'cronni', 'pentyrru'. Ond ar lafar mae'r berfenw wedi trawsosod 'r' ac 'y' a throi 'crynhoi' yn 'cyrn(h)oi'. Cymharer trawsosod 'crynu' a 'cyrnu':
"Gwell **cyrn(h)oi** arian at dalu'r rent na'i wario ar sothach."

12. **DYSEN** (enw benywaidd; lluosog: dysenni)
Y term arferol yw 'dwsin' (enw gwrywaidd), lluosog: 'dwsinau' sydd yn ôl G.P.C. yn fenthyciad o'r Saesneg Canol. Ond 'dysen', 'dysenni' a ddywedir yn ardal Llanelli, ac fe'i trinnir yn enw benywaidd:
"Mae'r **ddysen** wye wythnosol wedi mynd yn eitem ddrud yn y siope."

13. **ECSTRI** (enw gwrywaidd; lluosog: -s)
Benthyciad o'r Saesneg Canol, yn ôl G.P.C. Mae'r gair yn cael ei ddefnyddio am echel cert neu drol:
"Ro'dd gwas newydd yn arwen y gaseg y dydd o'r bla'n ac a'th y cart yn sownd yn y ffos. Ro'dd e'n sownd lan at yr **ecstri**."

14. **EISTEDDW** (berf, modd gorchmynnol)
Un o nodweddion hynotaf tafodiaith 'Gwŷr-y-Fe' yw bod ffurf modd gorchmynnol y ferf yn newid pan ddigwydd mewn cyfuniad â'r rhagenw 'fe'. Er enghraifft, newidir 'eistedd' i 'eisteddw fe' (gorchmynnol); 'symud' i 'symudw fe'; 'agor' i 'agorw fe'; 'darllen' i 'darllenw fe'; 'cymer' i 'cymerw fe':
"**Eisteddw** fe wrth y tân nes bod y ddysied de'n barod."

15. **FFRONC** (enw benywaidd; lluosog: -au)
Yn ôl G.P.C. benthyciad yw 'ffronc' neu 'ffranc' o'r Saesneg Canol 'frawnke', sef 'enclosure', 'sty'. Gall 'ffronc' olygu'r buarth caeedig o flaen twlc mochyn, neu ynteu'r twlc ei hun. Hefyd fe ddefnyddir y term am 'y lle y pesgir anifeiliaid neu dda pluog'. Ond fe'i clywais yn cael ei ddefnyddio am y buarth caeedig o flaen y twlc:
"Ma'r mochyn yn anifel glân iawn, yn cysgu yn 'i dwlc ond yn dod mâs i'r **ffronc** i fyta'i gino!"

16. **GRAENDIR** (enw gwrywaidd; lluosog: -oedd)
Ffurf fer ar 'graeandir', h.y. tir graeanog neu dywodlyd. Yn aml iawn dyma'r math tir a fyddai i'w weld ar lan afon:
"Rhwng Afon Llwchwr ac Afon Morlais, does dim prinder **graendir** yn Llangennech. Dyna sy fwya' ar lawr y dyffryn."

17. **(H)ALA** (berf)
Yn ôl G.P.C. ffurf amrywiol ar y gair 'hela' yw 'hala' gan awgrymu'n betrus(?) fod 'y llafariad 'e' yn y sillaf gyntaf wedi troi'n 'a' mewn cymhathiad â'r terfyniad 'a' '. Ond mae'r ferf '(h)ala' yn rhan bwysig iawn o'r dafodiaith yn ardal Llanelli, ac iddi sawl ystyr. Er enghraifft, gall olygu:
(a) 'treulio amser':
"Bydda i'n **(h)ala** awr neu ddwy gyda chymydog achos bod hi'n unig."
(b) 'gwario arian':
"Lle da yw hwn i **(h)ala** arian – mae'n mynd fel dŵr 'ma."
(c) 'anfon neges':
"Ma' **(h)ala** llythyre'n ffordd braf o gadw cwlwm cyfeillgarwch."

18. **INCIL** (enw gwrywaidd)
Benthyciad o'r Saesneg 'inckle', math ar dâp cul a ddefnyddid yn gyffredin gan wnïadyddes i gryfhau ymyl gwisg. Fe'i gwerthid wrth y llath. Cyfeiria G.P.C. at ddefnyddio'r gair 'incil' i olygu 'llinyn mesur', ond ni chlywais i neb yn ei ddefnyddio felly:
"Ma' Siop Jane yn gwerthu tipyn o bopeth; gofynnwch iddi ô's 'da hi **incil** ar werth. Ac os ô's e, *dew â llathed i fi."
* 'dew' yw term y dafodiaith am 'dere'.

19. **JIBADÊRS** (gair benthyg o'r Saesneg: 'jibbets' + 'tears')
Gall olygu 'yn ddarnau mân', 'yn yfflon', 'yn deilchion', 'yn chwilfriw'. Yn ardal de-ddwyrain Sir Gaerfyrddin y mae'r term gan amlaf yn cael ei gyplysu â'r gair 'rhacs': 'yn rhacs jibadêrs', hynny yw, y tu hwnt i unrhyw adferiad:
"A'th crys Lewis yn sownd yn y mangyl a rhwygo'n rhacs **jibadêrs**."

20. **JIJO** (berf fenthyg)
Mae'r gair 'jyjo' neu 'jijo' yn amlwg yn fenthyciad o'r Saesneg 'to judge', ond mae'r defnydd a wneir o'r gair ar dro yn awgrymu 'manwl lygadu'

(felly y dywed G.P.C.). A dyna a awgrymir gan y defnydd a wneir o'r gair ym mhentref Llangennech:

"Ma gofyn **jijo'n** galed cyn penderfynu."

Ac ni ellir rhagori ar yr enghraifft a rydd G.P.C.; mae'n sôn am wraig: "yn ishta'n ôl yn y cwrdd iddi ga'l **jijo'r** heta!"

21. **LWETH** (adferf)

Talfyriad o'r gair 'eilwaith' a geir yma. Mae'n digwydd yn fynych iawn yn ardal Llanelli a'r cyffiniau i olygu 'drachefn', 'eto', 'yr eildro':

"Bu'n rhaid imi fynd 'nôl at y doctor **lweth** a cha'l moddion cryfach."

22. **LLIDUS** (ansoddair o'r enw 'llid')

Ystyr 'llidus' yw 'llidiog'. Ond er bod ystyr ffigurol i'r gair, sef 'digofus', defnydd meddygol sydd iddo fwyaf yn ardal Llanelli, ac y mae'n gyffredin yn cyfeirio at enynfa o ganlyniad i ddolur neu glwyf ar y corff:

"Mae'r clwy'n edrych yn **llidus**; wy'n ame wir 'i fod e'n dechre crawnu."

23. **LLIF(I)ANU** (berf o'r enw 'llif')

Gair prin ei ddefnydd bellach ond ei ystyr yw 'hogi (llif)', 'rhoi awch arni'. Yn gysylltiedig â'r gorchwyl hwnnw, cedwid 'maen llif(i)anu' at y gwaith. Ond nid pawb allai feistroli crefft hogi ac yn fynychaf ymddiriedwyd y gwaith i 'lif(i)anwr' profiadol:

"Ma' **llif(i)anu** gofalus yn talu ar 'i ganfed yn y diwedd."

24. **LLYMINIOG** (ansoddair)

Hen air, prin fod fawr o neb yn ei ddefnyddio bellach, ond fe'i clywais ar wefus un o hen frodorion pentref Llangennech, a roes fel enghraifft o'i ddefnydd y cymal 'byta'n **llyminiog**', h.y. yn awchus. Mae G.P.C. yn cadarnhau'r ystyr hwnnw.

25. **MALEITH(I)E** (enw lluosog)

Dolur poenus dros ben yw'r 'maleithiau' sef 'llosg eira'. Ni chlywais erioed mo'r unigol, 'malaith' yn cael ei ddefnyddio, ond mae G.P.C. yn ei gynnwys:

"Yr hen driniaeth at wella **maleith(i)e** o'dd hwipo'r dro'd â dail celyn nes bo'r dro'd yn gwidu!"

26. **MANDREL** (enw gwrywaidd; lluosog: -i. Benthyciad o'r Saesneg 'mandrel')
Math ar gaib â dau ben pigfain a ddefnyddid gan lowyr ym Mhwll Tal-y-clun, Llangennech (a glofeydd eraill yn y sir) wrth dorri glo:
"Cyfrinach **mandrel** y glöwr oedd cadw bla'n ei big yn fain."

27. **MANWL** (ansoddair)
Ceir yn G.P.C. enghraifft o ddefnyddio 'manwl' i ddisgrifio wyneb baban, neu blentyn bach: 'Ar lafar ym Morg. a Chaerf. 'gwineb *manwl*' (h.y. hardd yn ei fanylion), 'plentyn *manwl*'. Clywais y defnydd hwn o'r gair 'manwl' ym mhentref Llangennech droeon:
"Ma' fe'n faban bach iawn, ond mae 'dag e wmed **manwl**."

28. **MÔ'L** (ansoddair)
Ystyr 'moel' yw 'heb wallt'. Ond yn drosiadol, magodd y gair ystyron megis 'plaen', 'diaddurn'. Un o bentrefi'r cylch yw Felin-foel, ond 'Felin-fô'l' a ddywedir ar lafar. Un esboniad a awgrymir yw bod dwy felin yn y pentref gynt, y naill yn 'Felin-ucha(f)' a'r llall yn 'Felin-fôl' am ei bod yn blaen ei hadeiladwaith:
"Dwi ddim yn hoffi mynd i rai eglwysi: maen nhw mor **fô'l** ac ô'r, rywsut."

29. **MWRNEDD** (ansoddair o 'mwrn' + 'aidd')
Awgryma G.P.C. mai amrywiad ar 'bwrn' (Saesneg tafodieithol 'burn'), yn golygu 'burden', 'baich' sydd yma, a nodir yr ystyron 'trymaidd', 'mwll', 'clos'. Ond lled-awgrymir dylanwad y Saesneg 'mourn' hefyd. O'm rhan i, clywais 'yn **fwrnaidd**' fynychaf yn nhermau'r tywydd, neu am ystafell drymaidd, fwll:
"O's dim modd agor ffenest ne' ddwy? Mae'n **fwrnedd** iawn 'ma."

30. **NELFETH** (enw gwrywaidd)
Yn ôl G.P.C. daw term 'llyfel(i)aeth', 'llefelaeth' o'r Saesneg 'level' ond gyda'r ystyr 'dychymyg', 'dyfais', 'dirnadaeth', 'amgyffred', 'syniad', 'clem'. Dyfynnir llinellau o gerdd dafodieithol Dewi Emrys i 'Bwllderi':

Sda'r dinion taliedd fan co'n y dre
un llefeleth [h.y. amcan] mor wyllt yw'r lle.

Ond er mai'r un yw'r ystyr, ffurf arall – 'nelfeth' – a ddefnyddir yn ardal Llanelli:
"Sda'r byddigiwns ddim **nelfeth** sut ma' 'i arnon ni sy'n dlawd."

31. **OBITI**
Ffurf dafodieithol ar yr ymadrodd 'o ddeutu', h.y. 'tua' – yn llythrennol, 'o'r ddwy ochr':
"Beth oedd fy oedran i pan dda'th set deledu i'n tŷ ni gynta? **Obiti** deuddeg o'd fydden i'n meddwl."

32. **PÂM** (enw gwrywaidd, lluosog: -au)
O'r Saesneg 'pane' sef darn o wydr sgwâr neu hirsgwar mewn ffenestr. Ond fe'i defnyddir ar lafar am bâm sgwâr neu hirsgwar yn yr ardd, boed y pâm hwnnw o flodau neu o lysiau:
"Ma Dat wedi rhoi **pâm** bach yn yr ardd i fi ga'l tyfu blode, ac i fi ga'l dysgu shwd ma garddo, mynte fe."

33. **PEWCAN** (ffurf amgen ar ferf dafodieithol)
Mae G.P.C. yn nodi'r ffurf dafodieithol 'cewcan' yn digwydd ar lafar yn y De. Ei ystyr yw 'taflu cilolwg', 'ysbïo'n llechwraidd'. Ond yn ardal Llangennech, 'pewcan' a ddefnyddir, gyda'r un ystyron:
"Pam wyt ti'n **pewcan** arna' i? Ma' raid dy fod ti wedi g'neud rhyw ddrygioni."

34. **PILE** (enw gwrywaidd: 'pîl', lluosog 'pilau')
Benthyciad yw'r gair pîl o'r Saesneg 'pill', sef ffos neu gilfach y daw'r llanw drwyddi. Myn rhai mai dyna darddiad yr enw Y Pîl (Saesneg: Pyle) ym Morgannwg. Yn Llangennech y mae'r pilau hyn yn nodwedd amlwg ar lan afon Llwchwr. Hefyd ceir cae yn dwyn yr enw 'Cae Pile' ac ynddo dyllau lle'r oedd rhywrai wedi bod yn twrio am glai, a'r tyllau hynny yn llanw â dŵr:
"Lle peryglus yw'r cilfache lle mae'r teid yn raso ar garlam lan y **pile**."

35. **PYRCS** (lluosog dwbl yw 'pyrcs': 'porc', unigol; 'pyrc', lluosog; 'pyrcs', lluosog dwbl)
Ystyr gwreiddiol y gair yw 'moch bach' a gedwid i'w pesgi. Ond yn yr haf byddai bechgyn ifainc y pentref yn cerdded gydag afon Morlais

nes dod at un o byllau dwfn yr afon, 'Pwll Sment', ac yno'n matryd yn y man a'r lle . . .

. . . "A baddo'n **byrcs** gan sychu'n hunen yng ngwres yr haul cyn gwisgo'n dillad 'nôl."

36. **SGELCAN** (berf dafodieithol; benthyciad o'r Saesneg 'skulk')
Ystyr 'sgelcan' yw 'segura', 'osgoi gwaith'. Clywais 'stelcian' a 'sgelcan' yn yr un ardal, a chydag ystyr tebyg:
"Un da yw Jac am **sgelcan**; fe wneiff unrhyw beth rhag gweitho."

37. **SGRAMO** (benthyciad o'r Saesneg tafodieithol 'to scram')
Ymhlith yr ystyron a gynigir gan G.P.C. ceir 'crafangu', 'sgrialu am', ac ychwanegir: 'Clywir *sgramo* yn nwyrain Sir Gaerf. yn yr ystyr 'crafu', 'cripio'.'
"Yn Llanelli, mae pawb wedi canu rywdro am y gath oedd wedi **sgramo** Joni Bach!"

38. **SGYMUNLLYD** (ansoddair o 'ysgymun' + -llyd)
Awgrym G.P.C. yw mai ystyr '(e)sgymunllyd' yn llythrennol yw 'un wedi ei wahardd yn swyddogol rhag gweinyddu na derbyn y sacramentau'. Gan hynny, magodd yr ystyr 'melltigedig'. Yn ddiddorol iawn, yn nhermau'r tywydd y clywais ddefnyddio'r gair, sef 'tywydd melltigedig': "Es i ddim ma's ddo'. Dwi ddim yn cofio'r fath dywydd **sgymunllyd**."

39. **SHILDYN** (enw gwrywaidd: lluosog sildod, sildynnod)
Benthyciad o'r term Saesneg 'sild', sef 'herring fry' yw 's(h)ildyn'. Am mai pysgodyn bach ydyw, mae'r gair yn cael ei ddefnyddio'n ddiraddiol am berson, ac yn arbennig am faban tenau a main o gorff: "Mae'n anodd credu'r gwahaniaeth rhwng dau blentyn, un yn dwlpyn diogel a'r llall yn **shildyn** bach."

40. **STEIL** (enw gwrywaidd; lluosog: -iau)
Benthyciad o'r Saesneg 'style'. Gall olygu dull o ysgrifennu, neu o siarad, neu arddull neu fynegiant. Hefyd mae'n cael ei ddefnyddio am grandrwydd neu fyd da. Ond fel yn y Saesneg, felly hefyd yn y Gymraeg, gall olygu 'syrnâm' neu 'gyfenw'. Pan ddaeth myfyriwr ifanc o'r Gogledd ar daith i ardal Llanelli, gofynnwyd iddo gan ddiacon: "A

beth alla' i ddweud yw'ch **steil** chi?" Atebodd y Gogleddwr ifanc diymhongar, "O, does dim llawer o steil ynddo i!"

41. **SWRDDANU** (berf o'r ansoddair 'syfrdan')
Mae'n amlwg mai o'r ferf 'syfrdanu' y daw'r ffurf dafodieithol hon. Nodir amrywiol ystyron gan G.P.C., megis 'hurtio', 'synnu', 'drysu', 'mwydro', 'byddaru', 'gwneud yn benysgafn', 'gwneud yn anymwybodol', 'dioddef gan ddeliriwm' ac ati. Yr ystyr olaf hwn, sef 'dioddef gan ddeliriwm' oedd yn amlwg y tro cyntaf imi glywed y gair:
"Ma' pethe'n go ddrwg wy'n ofni; mae'n **swrddanu**, a dyw e ddim (gy)da ni."

42. **TEGILTER** (enw gwrywaidd)
Awgrym G.P.C. yw mai o'r Saesneg 'tea-kettle' y daw'r ffurfiau 'tegell' neu 'tecell' i'r Gymraeg. Ond yn ardal Llanelli, parheir i ddefnyddio'r ffurf dafodieithol 'tegilter' neu 'tecilter':
"Rhoswch i ga'l disied 'dani; ma'r **tegilter** yn ffrwtian ar y tân yn barod."

43. **TEID** (enw gwrywaidd; lluosog: -iau; benthyciad o'r Saesneg 'tide')
Ceir gan G.P.C. yr ystyron 'llanw', 'adeg', 'tymor', 'cyfnod'. Nodir hefyd fod y gair 'teid' yn cael ei ddefynyddio'n ffigurol, e.e. 'daw'r teid i mewn unwaith eto yn hanes eglwysi Cymru'. Ond yn yr ardaloedd ar lan afon Llwchwr, defnyddir y gair 'teid' yn ddaearyddol i ddisgrifio'r tir sydd ar gyrion y llanw:
"Ma' Wil yn mynd lawr i'r **teid** i saethu hwyed gwyllt, ond lle peryglus yw'r **teid** i'r dibrofiad fentro iddo fe."

44. **TRANGLWNS** (enw lluosog)
Yn ôl G.P.C. ystyr 'tranglwns' yw 'petheuach', 'geriach', 'manion di-werth'. Cymharer y term Saesneg tafodieithol 'tranklums'. Mae 'tranglwns' yn air cyffredin yn nwyrain Sir Gaerfyrddin am betheuach nad oes iddynt fawr o werth, os gwerth o gwbl, ond fe'u cedwir gyda'i gilydd, efallai yn y dybiaeth y daw iddynt ddefnydd ryw ddydd:
"Mam, beth wna' i â'r brwsh blac-led 'ma?" A mynte Mam, "Rho fe yn y bocs sy yn y sied gyda'r **tranglwns** erill."

45. **WABLO** (berf), **WABLIN** (enw gwrywaidd)
Clywais y gair yn nhermau siafo gyda brwsh a sebon, ac yn arbennig
am y broses o 'wablo' (neu 'wablingo') sef seboni'r wyneb cyn ei eillio:
"Mae **wablo**'n eitha' grefft: os yw'r **wablin** yn brin ma'r raser yn crafu."
Weithiau âi'r eilliwr ati yn rhy gydwybodol gan seboni'n ormodol.
Gwelodd ambell Gymro dyfeisgar bosibiliadau trosiadol i'r termau
hyn, a chyhuddo ambell un o or-wneud ei ganmoliaeth ar dro:
"Ro'dd lot o **wablin** yn y cwrdd heno rhwng bod Jones y gweinidog
yn treial cadw'r ochor iawn i deulu'r Plas."

46. **WADO** (berf o'r enw 'wad')
Ceir gan G.P.C. yr ystyron 'curo', 'taro', 'colbio', 'dyrnu', 'trechu', gan
awgrymu bod 'dwrn' yn gysylltiedig â'r gair, ond hefyd bod y syniad o
'guro' neu 'drechu' yn rhan o'r ystyr:
"Fe weles dad yn **wado**'i grwt bach nes o'dd e'n llefen, druan."
"Dyna'r tro cynta 'rio'd i fi **wado** Twm wrth whare coets."
Mae'r gair, o'i glymu gyda geiriau eraill, yn gallu magu ystyron eraill.
Ceir enghreifftiau yn G.P.C.:
'wado arni' (dyfalbarhau):
"Do's dim amdani ond **wado arni** ar waetha'r llifogydd."
'wado bant' (gweithio'n ddyfal):
"Mae'n well inni **wado bant** â'r llafur: ma'r gwynt o bwll y glaw."
'wado 'mlaen' (heneiddio):
"Mae Jac yn dechre ffaelu, ond dyna fe: mae'n **wado 'mla'n** yn ddiogel."

47. **WHOMPEN** (enw benywaidd; gwrywaidd: 'whompyn')
Cymharer y Saesneg 'whopper' sef person neu beth o gryn faint:
"Un bach o'dd ei gŵr ond ro'dd Gwladys yn **whompen** o fenyw."
"'Drych ar y bwmpen ges i yn y siop; ma' hon yn eitha' **whompen**."

48. **YFOL** (ansoddair)
Ffurf ar 'hyfol'. Mae G.P.C. yn nodi dau ystyr:
(a) 'addfwyn', 'mwynaidd', 'tyner', 'tawel', 'araf i ddigio';
(b) 'hamddenol', 'araf', 'digychwyn', 'difywyd', 'didaro'.
Clywais droeon yn Sir Gaerfyrddin y ffurf 'hefol', ond yn Llangennech,
'yfol' a geir ac ystyr (b) sydd amlwg:
"Wyt ti fel heddi a fory, achan, o's raid iti fod mor **yfol**?"

49. **YSGAPRWTH** (ansoddair)

Mae gan G.P.C. ddewis eang o eiriau i gyfieithu 'ysgaprwth': 'glwth', 'barus', 'gwancus'; 'sarhaus', 'sarrug'; 'esgeulus', 'diofal', 'trwsgwl', 'garw'; 'heini', 'sionc', 'cryf'. Ond yn y fro dan sylw, 'garw' sy'n dod nesaf at yr hyn a glywais amlaf:

"Paid â chymryd sylw ohono fe; un **'sgaprwth** yw e ar y gore; do's dim byd yn addfwyn ynd'o fe."

50. **(Y)SGATHRU** (berf)

Fe'i defnyddir fynychaf:

(a) am ysgathru'r croen: "Da'th Jac oddi ar 'i feic a **sgathru**'i benglin yn gas."

(b) am wasgaru, sgrialu: "Pwy dda'th heibo ond y prifathro a dyma ni'n **sgathru** am y cynta."

Ond mae G.P.C. yn nodi bod 'sgathru' yn cael ei ddefnyddio yn nwyrain Sir Gaerfyrddin am briddo tatws: "**sgathru** pridd lan yn y rhych".

PENNANT MELANGELL

Dawn i'w hedmygu yw dawn y 'cyfarwydd', y gŵr sydd â stori i'w hadrodd. Mae'n fwy na dawn dweud yn unig, er pwysiced hynny. Rhaid bod y stori'n werth ei dweud, yn cymell gwrandawiad. Yn wir, mae'r stori orau oll yn werth ei dweud nid unwaith neu ddwywaith, ond o genhedlaeth i genhedlaeth. Llwyddodd ambell stori i dyfu'n drysor cenedl; un felly yw stori Melangell, y ferch a ffodd i Gwm Pennant o wlad y Gwyddyl i osgoi dewis-ddyn ei thad yn ŵr iddi.

Mae amlinell y stori'n gyfarwydd inni. Yn y cwm anghysbell hwnnw yr oedd Brochwel tywysog Powys yn hela gyda'i wŷr arfog a'i gŵn. A dyma nhw'n codi ysgyfarnog, a'i dilyn i lwyn o ddrain trwchus. Yn y llwyn yr oedd Melangell yn ymguddio, ac ati hi yr aeth yr ysgyfarnog i chwilio am loches. Ynghanol y drain yr oedd dwy galon yn curo, yn cydguro am ymwared.

Yn y fan honno, mae geiriau'r storïwr fel pe baent yn rhewi. Er i'r tywysog annog ei gŵn ymlaen, cefnu ar eu prae a wnaethant; er i'r heliwr ddymuno codi ei gorn hela at ei wefus, yr oedd dwylo hwnnw megis rhew. Mae'r llwyfan wedi ei osod gan y storïwr ar gyfer moment ddadlennol ei stori. Yng nghyfarfyddiad Melangell a Brochwel, fe'n dygir wyneb yn wyneb ag un o themâu oesol y ddynolryw.

Mae Melangell yn ymguddio yn y drain rhag Brochwel gyda'i wŷr arfog a'i gŵn yn thema sy'n cael ei hailadrodd yn rhai o storïau enwocaf y byd. 'Rŷm ni'n adnabod y *genre*: y gwan yn erbyn y cryf; y diamddiffyn yn erbyn yr arfog; y diniwed yn erbyn y gormeswr; yr unigolyn yn erbyn y wladwriaeth. Daethom ar draws y thema yn stori'r Hen Destament am Dafydd a'i ffon dafl yn herio'r cawr arfog, Goliath. Ond i'r Cristion y mae'r *genre* yn cyrraedd ei hanterth nid mewn stori, ond mewn hanes – hanes brwydr Iesu yn erbyn y rhai oedd wedi ymgynghreirio yn ei erbyn.

Mae adfyd Melangell yn dod i ben gydag addewid o loches a nodded, a hynny o wefus Brochwel ei hun. Wedi gwrando stori ei hynt a'i helynt, mae'n trugarhau wrthi, a'i chyfarch fel llawforwyn yr Arglwydd, merch ddidwyll ei ffydd, deilwng o loches. Câi ganddo feddiant tir yng Nghwm Pennant.

Darganfu Melangell ei Heden lle câi'r ysgyfarnog hithau loches a llonydd rhag pob heliwr a'i gŵn.

Stori dda? Ydi, mae'n stori sy'n gafael. Fe'i ceir mewn llawysgrif Ladin o'r ail ganrif ar bymtheg. Mae'r cofnodydd yn anhysbys, ac felly y dylai fod, oherwydd traddodiad llafar sy'n gyfrifol fod y stori wedi goroesi, gan iddi gael ei hadrodd a'i hailadrodd dros y cenedlaethau hyd at ein dyddiau ni. Mae blas yr hen fyd, byd y seintiau Celtaidd cynnar ar y stori. Ond mae'n fwy na stori dda; mae'n stori ffrwythlon. A'r bobl debycaf i ddeall hynny yw'r pererinion a ddaw i ben draw Cwm Pennant i godi cap i goffadwriaeth Melangell.

Yr eglwys sy'n sefyll heddiw ar y llecyn ym mhen draw'r cwm i'n croesawu yw'r adeilad a godwyd tua chanol y ddeuddegfed ganrif gan Rhirid Flaidd, tywysog a thirfeddiannwr lleol. Tybiwyd mai ar safle cell Melangell y'i codwyd, y fan lle'r oedd yn byw fel lleian yn ei bro, gan ddenu eraill o gyffelyb fryd ati. Ac y mae'n bosib mai yno hefyd y cafodd le bedd. Wrth borth y fynwent gron, a than gysgod y prennau hynafol sy'n cysgodi'r fan, argraffwyd englyn sy'n annog yr ymwelydd i barchu cysegredigrwydd y fangre:

Tuedda'n bur at weddi – dy galon
gwylia wrth addoli,
a Duw unig daioni
yma'n dda anrhydedda di.

Ar ddydd ein hymweliad â'r eglwys fe'n croesawyd trwy'r drws gan seiniau melodaidd tannau'r delyn. Trawyd ni ar unwaith gan eiriau'r Deg Gorchymyn a Gweddi'r Arglwydd yn argraffedig ar y mur, i atgoffa'r addolwr, mewn dyddiau pan nad oedd Beibl yn llaw'r werin, fod i fywyd ei ganllawiau ac i ddefosiwn ei weddi batrymol.

Tynnwyd ein sylw at y groglen sy'n gwahanu corff yr eglwys oddi wrth y gangell. Ni allem beidio â sylweddoli mai i Felangell y cysegrwyd yr adeilad, gan mai ei stori hi, adeg ei chyfarfyddiad rhagluniaethol â Brochwel a'i helwyr, a gerfiwyd ar y groglen.

Heb un amheuaeth, serch hynny, pennaf trysor yr adeilad yw'r greirfa sy'n sefyll yn dalsyth ar ei cholofnau yn ymyl yr allor. Mae creirfa Mihangel yn un o drysorau pensaernïaeth eglwysig Cymru, wedi ei llunio tua chanol y ddeuddegfed ganrif. Fe'i datgymalwyd adeg y Diwygiad Protestannaidd, a chuddio'i meini unigol rhag y dryllwyr delwau trwy eu gosod ym mur y fynwent. Wedi i'r perygl fynd heibio, ailosodwyd y meini at ei gilydd. Yna, yn niwedd yr ugeinfed ganrif, codwyd y greirfa adferedig mewn lle o anrhydedd yn y gangell. Yno y saif heddiw, yn dystiolaeth i ffydd y ferch a roes ei henw ar yr eglwys, ond hefyd i ffydd y pererinion o gyffelyb fryd a ddaw yno i blygu glin mewn addoliad.

Do, bu stori Mihangel yn stori dra ffrwythlon. Hi sefydlodd gell ac abaty ac eglwys ar y llecyn; hi gerfiodd sgrin, hi roes faen ar faen i godi creirfa hynod; hi ddenodd i'r fangre gysegredig bererinion ac addolwyr, ac yn negawd gyntaf y ganrif hon hi fu'n ysbrydiaeth i sefydlu Canolfan y Santes Melangell mewn bwthyn gerllaw, lle medr eneidiau ysig dderbyn ymgeledd a chlust. A'i phlant hi yw ymgyrchwyr y blynyddoedd diweddar hyn, yr ecolegwyr, pleidwyr parch i'r greadigaeth ac i bob rhywogaeth o'i chreaduriaid, gan ddod i Gwm Pennant i arddel eu credo fod bywyd oll yn gysegredig.

I mi, does neb wedi agor drws i arbenigrwydd Cwm Pennant ymhlith llecynnau cysegredig Cymru mewn modd rhagorach nag a wnaed gan y Canon Donald Allchin. Ei air ef am y lle yw 'un o'r mannau main' ('the thin places'), lle medr person sefyll ar y trothwy rhwng deufyd gan sylweddoli bod y ffin rhwng y byd hwn a'r byd arall yn denau iawn yno. Mae'r awdur yn dewis ei eiriau'n ofalus wrth ein codi i dir uchel:

Mae stori Melangell yn llefaru'n gryf wrth bawb sy'n sensitif i rym ac arwyddocâd gweddi. Mae'r cwm ei hunan fel pe bai'n llawn gweddi, gweddïau'r santes sy'n rhoi iddo ei enw; gweddïau'r cwmni aneirif o wragedd a gwŷr dros sawl cenhedlaeth a ddaeth mewn ymchwil am Dduw ac am y pethau hynny na fedr neb ond Duw eu rhoi. Dyma hefyd fangre cyfarfod a chymod, cymod rhwng daear a nef, rhwng Duw a dynolryw, y darnau gwahanedig o gorff toredig Crist.

SGLEFRIO ER GOGONIANT I DDUW

Mae'r hen bortread annwyl yn gyfarwydd i lawer. Os byth yr ewch i'r Alban siawns na ddowch ar ei draws ar gerdyn post, neu liain-sychu-llestri, neu fag nwyddau neu gwpan. Ond os am ei weld yn ei ogoniant, ewch i'r Oriel Genedlaethol yng Nghaeredin a bydd ei wrthrych yn ymrithio o flaen eich llygaid o'r niwl, gan sglefrio'n osgeiddig tua'r gorwel pell. Mae'n amlwg ei fod yn hen gyfarwydd â'r llwybr ar draws yr iâ, ac yn feistr ar bob ystum sy'n perthyn i'w grefft. Yn haeddiannol felly, mae'r portread o'r 'Skating Minister' yn un o eiconau amlycaf cenedl yr Alban.

Lluniwr yr eicon oedd Syr Henry Raeburn, pennaf baentiwr portreadau ei genedl. Fe'i ganed yn Stockbridge, Caeredin yn 1756. Aeth i'r Eidal yn ifanc i ledu gorwelion ei grefft artistig, ond dros weddill ei fywyd, yr Alban fu'n faes i'w lafur. A bu'r llafur yn galed, oherwydd am flynyddoedd bu'n paentio er mwyn talu ei ddyledion ariannol sylweddol. Ac os nad hwn yw ei gampwaith eithaf, aeth y 'Skating Minister' yn ddwfn i serch llawer iawn o'i edmygwyr.

Rhan o'i atyniad – yn sicr i mi – yw mai gweinidog yw gwrthrych y portread hwn mewn olew, gan ddangos gwedd ar fywyd gweinidog sy'n eithriadol iawn yn fy mhrofiad. Y gweinidog oedd y Parchg Robert Walker, a bu ei dad a'i daid yn weinidogion o'i flaen, gan lenwi pulpudau Eglwys Bresbyteraidd yr Alban. Pan oedd Robert yn blentyn, symudodd ei dad i Rotterdam, gan gymryd gofal o'r eglwys Albanaidd yn y ddinas. Ac yno, os cywir y dyfaliad, y dysgodd y plentyn sglefrio ar un o fynych gamlesi'r ddinas.

Pan ddaeth yn weinidog yn ddiweddarach, ei ofalaeth gyntaf oedd y 'kirk' yn Cramond, a thra yno ymgeisiodd am berthyn i Gymdeithas Sglefrio Caeredin. Erbyn 1784 yr oedd wedi symud i ofalaeth eglwys enwog Canongate yng Nghaeredin lle buasai ei daid yn weinidog flynyddoedd ynghynt. Yn rhagluniaethol, symudodd i'r ddinas yng nghyfnod gwawr yr hyn a elwir yn 'Oes Oleuedig' yr Alban pan oedd enwogion lawer yn heidio i flasu hufen diwylliannol y ddinas, a rhai ohonynt, mae'n siŵr, ymhlith ei blwyfolion. Daeth un o'r enwogion hyn yn ddigon o gyfaill iddo maes o law i gael ei enwi ymhlith naw ymddiriedolwr ei ewyllys, sef 'Mr. Henry Raeburn, Portrait Painter in Edinburgh'.

Syr Henry Raeburn, *Revd Dr Robert Walker (1755–1808) skating on Duddingston Loch.*
Trwy ganiatad Oriel Genedlaethol yr Alban (Scottish National Gallery)

Teitl llawn y portread yw 'The Reverend Robert Walker skating on Duddingston Loch', sef y llyn ar gyrion y ddinas lle byddai aelodau Clwb Sglefrio Caeredin yn ymarfer eu dawn. Yn gefndir i'r llyn ceir awgrym o ambell fryncyn cyfagos, megis Cadair Arthur, yn codi'i ben o'r niwl, ac yn y pellter fryniau Pentland. Ond nid y llyn ei hun, na'r bryniau o'i gylch, sy'n dal llygad y sylwedydd, ond ffigur sylweddol Robert Walker, yn sglefrio'n ogoneddus, a'i ystum yn dangos ei fedrusrwydd crefftus a'i ddwylo ymhleth ar ei frest yn fynegiant o'i hunanfeddiant. Mae'n amlwg yn gartrefol iawn ar yr iâ, ond mae'i lygad penderfynol wedi'i hoelio ar y gorwel draw yn fwy o awgrym o anel a nod a gweledigaeth nag o fwyniant pur.

Daethai i'r llyn y diwrnod hwnnw yn yr un dillad ag y byddai'n esgyn i'w bulpud ar y Sul. Het ddu, gantel lydan, sydd am ei ben, a ffrog côt amdano, a'r düwch yn ymestyn o'i gorun i'w sawdl; yr unig doriad arno yw'r crafat gwyn am ei wddf, a'r careiau lliwgar sy'n clymu ei sgidiau sglefrio wrth ei ddeutroed. Ond yr hyn sy'n torri'n fwyaf amlwg ar draws y düwch yw wyneb y sglefriwr. Mae'n wyneb iach – yn iach fel cneuen – ac mae'n amlwg fod ei ymdrechion wrth sglefrio wedi codi'r lliw gwritgoch braf ar ei wedd. Darllenais wahanol sylwadau ar y portread. Fe'i disgrifiwyd gan un sylwedydd fel portread 'witty'. Dywed un arall, yn yr un iaith: 'Walker is taking part in the perfect Presbyterian pastime, one that does not allow pleasure without the promise of discomfort.'

Mae'n anodd gen i gredu bod Raeburn wedi bwriadu i'w ffrind fod yn destun sbort mewn unrhyw fodd. Cam dybryd fyddai gweld y gweinidog wrthi'n sglefrio yn destun gwawd i'r arlunydd; haws credu ei fod wedi ennill edmygedd yr artist. Mae Raeburn yn ymhyfrydu ym medrusrwydd ei gamp – yn gwerthfawrogi'r cyfle i baentio'r gweinidog yn mwynhau awr o hamdden yn hytrach na'i bortreadu'n myfyrio yn ei stydi uwchben ei lyfrau, neu ryw ystum pregethwrol tebyg. Na, 'dyw'r wisg sydd am y sawl sydd yn y llun ddim yn taro nodyn chwithig mewn modd yn y byd; yn hytrach mae'n ychwanegu at lwyddiant y portread.

Ac i un o edmygwyr y llun mae llygad gwrthrych y portread yn siarad cyfrolau. Mae'n awgrymu bod y sglefriwr yn gwneud rhywbeth amgenach na thindroi ar yr iâ. Mae'n ddathliad o werth ambell awr orfoleddus o hamdden. Er bod ei gorff i gyd, pob ystum a feddai, yn canolbwyntio ar un o symudiadau nodweddiadol y sglefriwr, mae ei lygad ar ryw orwel draw, yn union fe pe bai'n gallu gweld gwlad bell y tu hwnt i fryniau amser.

BOD YN BOPETH I BAWB

Darllen: I Corinthiaid 9: 1–23

Rywsut neu'i gilydd doedd yr Apostol Paul ddim yn debyg i'r apostolion eraill, yn bennaf oll am nad oedd yn mynnu'i hawliau. Roedd rhai o'r apostolion eraill yn credu mai peth rhesymol oedd mynd â'u gwragedd gyda nhw wrth ymweld â'r eglwysi. Ond doedd gan Paul ddim gwraig.

Wedyn, doedd Paul ddim yn disgwyl cyflog am ei lafur. Nid nad oedd yn barod i gydnabod mai teilwng i'r gweithiwr ei gyflog. Wedi'r cyfan, pa filwr neu winllannwr neu fugail fyddai'n barod i weithio heb dderbyn cynhaliaeth o ryw fath oddi wrth ei gyflogwr? Onid oedd Moses wedi dweud (Deuteronomium 25: 4) fod hyd yn oed yr ych sy'n gweithio ar y llawr dyrnu yn deilwng o'i ymborth? A doedd gan Paul ddim un amheuaeth yn ei feddwl: a bwrw mai gwaith 'ysbrydol' oedd gwaith apostol, doedd hynny ddim yn golygu nad oedd ganddo yntau hawl i fedi cnwd 'materol' ar draul yr eglwysi.

Er bod Paul yn meddu'r 'hawl' i ennill ei fara fel unrhyw weithiwr arall, gwrthododd weithredu'r hawl honno 'rhag gosod unrhyw rwystr ar ffordd Efengyl Crist'. Oedd, roedd yn cofio bod offeiriaid a Lefiaid yn y deml yn cael eu cynhaliaeth trwy fwyta'u cyfran o aberthau'r allor. Ac roedd yn cofio hefyd fod Iesu ei hun wedi roi sêl ei fendith ar yr egwyddor pan ddywedodd (Luc 10: 7): "y mae'r gweithiwr yn haeddu ei gyflog." Ond er hynny, yr oedd Paul yn ddi-droi'n-ôl: "Nid wyf fi," meddai, "wedi manteisio ar ddim o'r hawliau hyn." Ac nid er mwyn cael cynhaliaeth yr oedd yn ysgrifennu'r pethau hyn at y Corinthiaid; byddai'n well ganddo farw na gwneud hynny!

"Clywch," meddai Paul wrth y Corinthiaid, "Dyw'r ffaith fy mod i'n pregethu'r Efengyl heb ddisgwyl cyflog ddim yn destun ymffrost ar fy rhan i. Mae rheidrwydd arnaf i wneud hynny. Gwae fi os na phregethaf yr Efengyl!" Ac yn yr un frawddeg orfoleddus hon rhoes Paul yn ddiarwybod iddo'i hun arwyddair i bob un a deimlodd erioed fod pregethu'r Efengyl yn alwedigaeth ac yn rheidrwydd.

Canlyniad hyn i Paul oedd ei fod yn ddyn 'rhydd' oddi wrth bawb – am nad oedd yn ddibynnol ar neb am ei gynhaliaeth. Ond yr oedd y 'rhyddid' hwnnw yn dwyn yn ei sgil y cyfrifoldeb o fod yn gaethwas i bawb 'er mwyn ennill rhagor ohonynt'. A dyna sut y bu i Paul deithio llwybrau'r Ymerodraeth gan rannu cymdeithas â phob math o bobl: Iddewon, Cristnogion Iddewig, Cenedl-ddynion a 'gweiniaid' yn y Ffydd – ac roedd nifer o'r rheini yn eglwys Corinth (8: 7–13). Ei unig bwrpas wrth wneud hynny oedd cael cydgyfranogi yn yr Efengyl.

Yn goron ar ei drafodaeth o'i alwedigaeth, ceir gan Paul frawddeg sy'n cofnodi *raison d'être* y dasg o bregethu'r Efengyl: "Yr wyf wedi mynd yn bopeth i bawb, er mwyn imi, mewn rhyw fodd neu'i gilydd, achub rhai." A dyna roi idiom newydd i'r Gymraeg ('bod yn bopeth i bawb'), ac i'r Saesneg ('being all things to all men'), ac i holl ieithoedd cred, am wn i.

Tuedd ein hoes sgeptig ni fyddai haeru mai ffolineb o'r mwyaf yw ceisio bod yn bopeth i bawb. Does dim digon o oriau mewn diwrnod na diwrnodau mewn blwyddyn i gyflawni'r fath dasg. Ond fel arall y rhesymai Paul; yr oedd yn rheidrwydd arno. Ac er gwaethaf pob methiant i wireddu'r ddelfryd, mae rhywrai wedi teimlo'r alwad i ddilyn camre Paul, gan wasanaethu eglwysi yn enw eu Crist hyd yn oed mewn oes sgeptig fel hon.

Mae emyn John Roberts yn ategu'r union alwad hon:

> Cofiwn am gomisiwn Iesu
>   cyn ei fyned at y Tad:
> "Ewch, pregethwch yr Efengyl,
>   gwnewch ddisgyblion ymhob gwlad."
> Deil yr Iesu eto i alw
>   yn ein dyddiau ninnau nawr;
> ef sy'n codi ac yn anfon
>   gweithwyr i'w gynhaeaf mawr.

BREUDDWYDIO YN Y CARCHAR

Darllen: Daniel 6: 10–23

Un o Gristnogion mwyaf dylanwadol yr ugeinfed ganrif oedd Almaenwr o'r enw Dietrich Bonhoeffer, gweinidog yn Eglwys Lutheraidd yr Almaen. Gydag eraill o gyffelyb fryd mentrodd wrthwynebu'r Natsïaid yn eu hymgais i roi taw ar yr Eglwys Gristnogol. Ond wedi blynyddoedd o herio Hitler a'i griw, fe'i carcharwyd yn 1943, a'i grogi ar 9 Ebrill 1945. Deil ei lythyrau a'r papurau a ysgrifennodd yn y carchar yn ddylanwad creadigol ar fywyd Cristnogion ymhob man, yn enwedig y rhai a brofodd erledigaeth.

Mae hanes Bonhoeffer yn adleisio neges Daniel, arwr un o lyfrau'r Hen Destament a ysgrifennwyd mewn cyfnod o erlid creulon, ac yntau'n alltud oddi wrth ei bobl. Nid heb reswm yr aeth yr awdur ati i sôn am brofedigaethau'r 'ffwrn dân' a 'ffau'r llewod'. Ei neges orfoleddus yw i'r tri llanc ddod allan o'r tân yn ddianaf, a bod safnau'r llewod wedi eu cau fel na wnaethant niwed i Daniel. Yr awgrym yw mai Duw ei hun oedd wrth ei waith gwaredigol o'u plaid. Hawdd credu bod y llyfr wedi bod yn nodded ac yn gysur dros y canrifoedd i lawer un a gafodd ei erlid oherwydd ei ffydd yn Nuw, ac erys ei neges nad yw concro'r corff yn rhoi unrhyw afael ar enaid y sawl sy'n deyrngar i'w ffydd.

Mewn un adnod arbennig ceir darlun trawiadol o Daniel yn ei alltudiaeth oddi wrth ei bobl yn agor ffenest ei ystafell i gyfeiriad Jerwsalem, y ddinas sanctaidd – darlun a fu'n gynhaliaeth i Gristnogion a erlidiwyd lawn cymaint ag i Iddewon yn eu profedigaeth hwy. Mae'r ffenest agored i gyfeiriad y ddinas gysegredig yn ddelwedd o ffydd yn Nuw mewn dyddiau tywyll.

Ceir awgrym yng ngeiriau Bonhoeffer y gall ffenest ffydd y Cristion fod yn ddigon cyfyng ar adegau i hoelio a chanolbwyntio ei sylw ar un gwirionedd. Trwy ffenest ei garchar yn Berlin, fe welodd gyrch awyr ar y ddinas y tu allan i'w garchar, a'r tân yn disgyn ar dai a thrigolion. Ond fe welodd rywbeth arall trwyddi. Roedd y ffenest honno fel petai'n ffrâm o gylch y darlun o dŵr yr eglwys yn amlinell rhyngddo a'r fflamau. Ynghanol y dinistr safai'r eglwys mor gadarn a disyfl. *Ein' feste Burg ist unser Gott* meddai Martin Luther ganrifoedd ynghynt, ac y mae Lewis Edwards y Cymro wedi adleisio'r un neges:

Ein nerth a'n cadarn dŵr yw Duw,
  ein tarian a'n harfogaeth;
o ing a thrallod o bob rhyw
  rhydd gyflawn waredigaeth.

Roedd gan Bonhoeffer ffenest arall i'w gell, serch hynny; ffenest eang a phanoramig ei freuddwydion. Clywch arno, y carcharor yn breuddwydio ei fod yn rhydd:

Rwy'n mwynhau breuddwydio . . . yn fy mreuddwydion rwy'n treulio llawer o'm hamser gyda natur, yng nghoedlannau a dolydd Friedrichsbrün, neu ar y llechweddau lle gellir gweld y tu hwnt i Treseburg at y Brocken. Rwy'n gorwedd ar wastad fy nghefn a gwylio'r cymylau'n hwylio heibio yn yr awel, a gwrando ar furmur y coed.

Ac yntau ar y pryd yn y carchar! Roedd un rhan o berson Bonhoeffer na allai'r gelyn mo'i threchu, sef ei enaid anfarwol. Fedrai'r barrau ar draws ei ffenest ddim ei rwystro rhag breuddwydio, ac yn ei freuddwydion yr oedd yn ddyn rhydd. Roedd y ffenest honno gyfled â'r ddaear faith, a'r nef ei hun.

Bu gan Gymru hithau ei breuddwydwyr. Gellid sôn am John Penri ac Elis Wyn o'r Las Ynys, a Waldo a'u tebyg. Un arall oedd Pennar Davies, mab tangnefedd os bu un erioed. Meddai'n ddiweddglo i'w anerchiad o gadair ei enwad:

Mae gen innau freuddwyd: y bydd ein Cymru ni â'i phobl yn rhydd a'i hiaith mewn urddas a bri, yn llefaru wrth y cenhedloedd ac yn eu cymell i fentro gyda ni i ddilyn Iesu ar ffordd tangnefedd.

'FATH FYD O DÂN ENYNNAIST'

Darllen: Exodus 3: 1–6; Luc 24: 28–35

Mewn capeli Anghydffurfiol ceir yn fwy aml na pheidio liain pulpud wedi ei addurno â chroes neu â'r tair llythyren I.H.S. – sef naill ai tair llythyren gyntaf yr enw Iesu yn yr iaith Roeg, neu ynteu briflythrennau'r teitl Lladin *Iesus Hominum Salvator* (Iesu Gwaredwr Dynion). Ond mewn un capel sylwais ar symbolaeth wahanol. Ar y lliain pulpud yn y capel hwnnw gosodwyd brodwaith hardd o'r berth yn llosgi, ac oddi tani eiriau Lladin, *nec tamen consumebatur*, yn dynodi 'ac eto nis difawyd'. Mor drawiadol yw'r symbolaeth: daeth y berth yn llosgi heb ei difa yn symbol huawdl i'r Cristion yn ogystal ag i'r Iddew.

Erbyn ystyried, onid yw thema'r 'tân anniffoddadwy' yn thema sy'n rhedeg fel llinyn arian drwy'r Beibl i gyd? Fe'i ceir ym mhroffwydi'r Hen Destament. Dyma'r fflam a ysbrydolodd Jeremeia, ac yntau'n teimlo ei fod wedi blino ar ei bobl, ac yn penderfynu troi ei gefn ar ei gomisiwn dwyfol. Ond darganfu fod hynny'n amhosibl:

> Os dywedaf, "Ni soniaf amdano,
> ac ni lefaraf mwyach yn ei enw",
> y mae yn fy nghalon yn llosgi fel tân
> wedi ei gau o fewn fy esgyrn.
> Blinaf yn ymatal; yn wir, ni allaf.   (Jeremeia 20: 9)

Pan ddaeth Iesu Grist i lwyfan hanes, rhoes rybudd i'w ddisgyblion, "Yr wyf fi wedi dod i fwrw tân ar y ddaear" (Luc 12: 49). A chyn bo hir, cafodd y genhedlaeth honno flas ar ffrewyll ei farn ar bob drygioni ac anghyfiawnder. Pan roddwyd ef ar groes, credodd rhywrai fod y tân dwyfol a amlygwyd yn ei berson a'i waith wedi diffodd am byth, y prynhawn Gwener hwnnw. Ond gwyddom ni'n wahanol; rhoes Luc inni yn ei Efengyl yr hanesyn rhyfeddol am ddau'n cerdded ar y ffordd i Emaus, a rhyw drydydd person yn nesáu atynt, 'ond rhwystrwyd eu llygaid rhag ei adnabod ef' (Luc 24: 16). Ond 'ar doriad y bara' daethant i'w adnabod ef. Dyna pryd yr agorwyd eu llygaid. A'u profiad hwy, fel profiad llawer ar hyd y canrifoedd, oedd nad oedd y tân wedi diffodd:

> "Onid oedd ein calonnau ar dân ynom wrth iddo siarad â ni ar y ffordd, pan oedd yn egluro'r Ysgrythurau inni?"   (Luc 24: 32)

I lawr y canrifoedd mae'r fflam yn dal i losgi, gan gael ei throsglwyddo o galon i galon, ac o enaid i enaid. Dyfynnwyd droeon brofiad John Wesley yn yr ystafell honno yn Aldersgate Street, ac yntau'n darllen Rhagarweiniad Martin Luther i'r Epistol at y Rhufeiniaid, gan dystio: 'Teimlais wres rhyfeddol o fewn fy nghalon.' Ei fwriad bellach, meddai, oedd:

> Hyrwyddo crefydd ymarferol fywiol, i'r graddau y gallaf, a thrwy ras Duw i ddeffro, a chynnal a chynyddu bywyd Duw yng nghalonnau dynion.

A beth am Bantycelyn, rhodd fawr Duw i genedl y Cymry? Yn ei *Golwg ar Deyrnas Crist* mae'n canu ei brofiad mewn geiriau trawiadol:

> 'Rwy'n boddi mewn rhyfeddod,
>   anfeidrol yw dy rym,
> 'd yw'r byd ac oll sydd ynddo
>   o flaen dy olwg ddim;
> fath fyd o dân enynnaist
>   a'i gadw'n fyw bob cam
> o oes i oes heb ddiffodd –
>   y fath anfeidrol fflam!

GALARU DROS SEION

Darllen: Galarnad 1: 1–5; 5: 16–22

Mae teitl y llyfr hwn yn egluro'i gynnwys i'r dim, oherwydd dyna a geir ynddo o'i ddechrau i'w ddiwedd: galarnad ar ôl galarnad. Mae'n siŵr mai dyna pam nad yw'r llyfr wedi llwyddo i ddenu llawer iawn o ddarllenwyr. Ond nid galarnad wedi ei phentyrru rywsut rywfodd a geir yma; mae'r cyfan wedi'i lunio'n ofalus mewn barddoniaeth gaeth ei ffurf, ddisgybledig ei mynegiant. Aeth yr awdur i lawn cymaint o drafferth â phe bai'n fardd o Gymro yn llunio awdl ar gyfer y Genedlaethol!

A'r cwestiwn sy'n dod i'n meddwl yw hwn: beth yw'r achos fod yr awdur wedi golchi'i eiriau â dagrau, gan 'wylo'n chwerw yn y nos'? Mae'r ateb yn dod yn y paragraff cyntaf oll. Cyflwr Jerwsalem a'i chysegr yw ei ofid. Mae'r ddinas a fu unwaith yn 'llawn o bobl' bellach yn 'unig' ac yn 'weddw'; mae'r un fu unwaith yn 'dywysoges y taleithiau' bellach 'dan lafur gorfod'. A hynny 'am nad oes neb yn dyfod i'r gwyliau'. Does ryfedd yn y byd ei fod yn dweud bod 'yr offeiriaid yn griddfan'.

Ydi'r cyflwr hwn yn canu cloch yng nghalon aelodau eglwysi Cymru? Mae rhai ohonom yn cofio gwell dyddiau, ac ambell eglwys fel tywysoges, yn fywiog, a llawn asbri, a'r graen ar ei gwedd yn amlwg, Sul a dydd gwaith. Ond bellach, llafur gorfod yw ein hanes wrth geisio cadw'r drws ar agor. Does ryfedd bod yr offeiriad yn griddfan, oherwydd y cysegr yw'r echel y mae ei holl fywyd yn troi arni.

Mae'n amlwg fod dagrau'r awdur yn rhai chwerw, a'i ofid am ei bobl yn mynd yn ddwfn iawn. Ond mae un adnod sydd fel pe bai'n crynhoi ei ing a'i wewyr i gyd, sef yr adnod lle y mae'n apelio'n erfyngar ar ei bobl, 'Onid yw hyn o bwys i chwi sydd yn mynd heibio?' (1: 12). Yr hyn sy'n peri'r dolur mwyaf i awdur Llyfr Galarnad yw'r miloedd sy'n 'mynd heibio' i Seion, yn gwbl ddifater ynghylch yr hyn sydd yn digwydd nid i Seion yn unig, ond i'r genedl yn gyfan.

Dihidrwydd – dyma'r hoelen sy'n brifo; y cleddyf sydd yn cyrraedd i'r byw. Mae cyflwr eglwysi Cymru'n boen ac yn ddolur, ond y dolur mwyaf yw bod y mwyafrif o'n cyd-Gymry'n gwbl ddibris o effaith hynny ar fywyd ein cenedl. Oherwydd na thwyller neb ohonom: mae cyflwr ein cysegrau yn ddrych ac yn ddarlun o gyflwr ysbrydol cenedl gyfan.

Mae difaterwch yn gwneud ei nyth yn y galon honno a gollodd y gallu a'r sensitifrwydd i deimlo dolur. Gall hynny ddigwydd i'r da a'r drwg fel ei gilydd. Fe gofiwn rybudd amserol Edmund Burke gynt: 'All that is needed for the triumph of evil is that good men do nothing.'

Yn ei lyfr *The Screwtape Letters* fe aeth C. S. Lewis ati i ddarlunio'r Diafol yn rhoi cyfarwyddyd i un o'i ddisgyblion – gŵr o'r enw Wermod – ynghylch sut oedd mynd ati i arwain dynion i demtasiwn. Ebe'r Diafol wrth Wermod: 'Nid dy waith di, Wermod, fydd temtio pobl i fod yn ddrwg; fy ngwaith i yw hynny. Dy waith di fydd temtio pobl i fod yn ddifater.' Ac fe ategwyd yr un gwirionedd gan yr enwog Martin Luther King. Fe rybuddiodd ei bobl un tro: 'Bydd gofyn inni edifarhau yn y genhedlaeth hon nid yn unig am eiriau a gweithredoedd gwenwynig pobl ddrwg, ond hefyd am fudandod a difaterwch arswydus pobl dda.'

Yr enghraifft glasurol o'r man y gall difaterwch arwain cenedl iddo yw croeshoeliad Iesu Grist. Heb gydweithrediad pobl ddifater, allai'r croeshoelio ddim fod wedi digwydd; trwy eu caniatâd nhw y bu Iesu farw. A'r eironi oedd mai Iesu, o bawb, oedd yr union un a ddangosodd drwy gydol ei fywyd ei fod yn teimlo ac yn malio. Cymerodd arno'i hun boen ei bobl; rhoes ymgeledd i'r 'ddafad golledig'; tosturiodd dros y dyrfa am eu bod fel defaid heb ganddynt fugail; wylodd dros Jerwsalem. Yn wir, fe boenodd gymaint am les ei bobl nes rhoi ei einioes i lawr drostynt. Gan hynny, sut y gallwn ni, a'r miloedd sy'n mynd heibio i gysegrau Cymru, aros yn ddi-hid wrth sylwi ar yr hyn sy'n digwydd?

'Onid yw hyn o bwys i chwi sy'n mynd heibio?'

GOBAITH

Ym 1939, ym misoedd cyntaf yr Ail Ryfel Byd, codwyd rhes o fyngalos ym mhentref Pant-y-mwyn yng Ngogledd Cymru. Ymhlith trigolion cyntaf y byngalos hynny yr oedd nifer o deuluoedd Iddewig a oedd wedi ffoi rhag y bomio ar ddinas Lerpwl, i chwilio am loches mewn ardal wledig, ymhell o ddychryn a dinistr rhyfel. Yr enw a ddewiswyd gan un teulu ar eu cartref newydd oedd 'Tikvah' – enw a barai gryn chwilfrydedd ymhlith hen frodorion yr ardal. Doedd e ddim yn enw Cymraeg nac ychwaith yn enw Saesneg.

Does ryfedd fod yr hen frodorion wedi drysu. Gair Hebraeg yw 'Tikvah', a'i ystyr yw Gobaith – dewis annisgwyl o enw ar dŷ, ond wedi'r cyfan roedd amgylchiadau'r cyfnod yn rhai go anarferol. Roedd y dewis o enw yn mynegi'n huawdl allu pobl o bob cenedl i ddal ati i obeithio hyd yn oed mewn dyddiau tywyll. Onid oedd yr hen broffwyd gynt wedi breuddwydio am fyd a fyddai'n rhydd o ryfel?

> Byddant hwy'n curo'u cleddyfau'n geibiau,
> a'u gwaywffyn yn grymanau.
> Ni chyfyd cenedl gleddyf yn erbyn cenedl,
> ac ni ddysgant ryfel mwyach;
> a bydd pob un yn eistedd dan ei winwydden
> a than ei ffigysbren, heb neb i'w ddychryn.
> Oherwydd genau Arglwydd y Lluoedd a lefarodd. (Micha 4: 3–4)

Yn ninas Lerpwl safai dau adeilad yn gadarn drwy'r rhyfel, a hynny heb fod ymhell iawn oddi wrth ei gilydd. Y Gadeirlan Anglicanaidd yw'r naill, adeilad hardd, Gothig ei bensaernïaeth a gymerodd dros hanner canrif i'w adeiladu. Y llall yw'r Gadeirlan Babyddol, yr un mor hardd, ond yn wahanol iawn ei phensaernïaeth, a chwta bum mlynedd a dreuliwyd i'w chodi. Yn y ddwy gadeirlan bu dau arweinydd ysbrydol enwog yn cydweithio, sef David Sheppard a Derek Warlock. Yr oeddynt yn ffrindiau triw i'w gilydd, yn cydweithio'n hapus. Ysgrifenasant lyfr yn sôn am eu gwaith, dan y teitl *Better Together*.

Yn rhyfedd iawn, yr enw ar y stryd sy'n arwain o un gadeirlan i'r llall yw Hope Street! Mor addas oedd yr enw! Trwy gydweithrediad hapus y ddau arweinydd, dysgwyd gwers y dylid fod wedi ei dysgu ers amser. A dyma'r wers: y gall ffydd oresgyn yr anawsterau sy'n ein cadw ni ar wahân. Yn lle drwgdybiaeth, daw ymddiriedaeth; yn lle cystadleuaeth daw cydweithio hwylus. Pan ddaw ffydd felly i'n rhan, gallwn gerdded gyda'n gilydd yn hyderus i lawr Hope Street!

Gweddïwn: Arglwydd, yn union fel y mae gwawr diwrnod newydd yn gallu ymlid nos dywyll torcalon ac anobaith, bydded i obaith wawrio heddiw ar bawb o'th blant sy'n teimlo'n ddigalon a thrist mewn amgylchiadau anodd.

Diolchwn yn arbennig am y gobaith Cristnogol: dy fod, yn dy drugaredd, 'wedi ein geni ni o'r newydd i obaith bywiol trwy atgyfodiad Iesu Grist oddi wrth y meirw, i etifeddiaeth na ellir na'i difrodi, na'i difwyno, na'i difa' (I Pedr 1: 3–4). Amen.

MYFYRDODAU CARCHAROR
CYDWYBOD YN EI GELL

Yn 2010 cafwyd llyfr gan Nelson Mandela dan y teitl *Conversations with Myself*, a gyhoeddwyd gan Wasg Macmillan. Yn y gyfrol swmpus hon y mae Mandela yn agor ffenestr ar rai o'i brofiadau mwyaf personol, ac yn arbennig ar y profiad o fod yn garcharor a gosbwyd am ei ddaliadau politicaidd. Troswyd rhai o fyfyrdodau'r gwleidydd enwog hwn i'r Gymraeg a chawn yma gipolwg ar brofiadau'r gell yng ngharchar Ynys Robben.

Myfyrio yn y gell

O'r hyn lleiaf, dyry'r gell iti y cyfle i archwilio dy ymddygiad yn ddyddiol, i drechu'r drwg ac i ddatblygu'r hyn sy'n ddaionus ynot. Gall myfyrio cyson, dyweder am chwarter awr bob dydd cyn mynd i gysgu, fod yn ffrwythlon dros ben yn hyn o beth. Fe all y cei di hi'n anodd ar y dechrau i gofnodi'r nodweddion negyddol yn dy fywyd, ond ar y degfed cynnig efallai y daw iti wobrwyon goludog. Paid byth ag anghofio mai'r gwir sant yw'r pechadur nad yw fyth yn rhoi'r gorau iddi.

(t. 212)

'Bûm yng ngharchar a daethoch ataf'

I garcharor mae arwyddocâd i ymweliad sy'n anodd iawn ei fynegi mewn geiriau. Pennaf gyfraith y carchar ymhob gwlad yn y byd o'r bron yw ei drefn ddigyfnewid [*routine*], ac y mae pob dydd, i bob pwrpas, yr un fath â'r dydd a'i rhagflaenodd. Mae ymweliad gan garedigion, gan ffrindiau, a hyd yn oed gan ddieithriaid, yn achlysur diangof, pan dorrir ar yr undonedd a'i rwystredigaeth, a'r byd cyfan yn llythrennol yn cael ei dywys i mewn i'r gell.

(t. 150)

Bu farw ei fam tra oedd Mandela yn garcharor

Bûm yn aml yn meddwl a yw person yn gallu cyfiawnhau esgeuluso ei deulu ei hun er mwyn ymladd dros hawliau pobl eraill. A all unrhyw beth fod yn fwy pwysig na gofalu am eich mam, a hithau'n dynesu at drigain oed, adeiladu tŷ hardd iddi, paratoi bwyd maethlon ar ei chyfer, ynghyd â dillad braf a chariad dibrin? Ydi gwleidyddiaeth, mewn achos felly, yn esgus yn unig i droi cefn ar eich cyfrifoldebau? Nid peth rhwydd yw byw gyda'ch cydwybod wrth godi'r fath gwestiynau o bryd i'w gilydd . . . Hyd yn oed ar adegau pan fo cydwybod euog yn fy mhlagio, mae rheidrwydd arnaf i gydnabod bod fy ymrwymiad llwyr i ryddhad fy mhobl yn rhoi ystyr i fywyd ac yn rhoi imi ymdeimlad o falchder cenedlaethol a llawenydd gwirioneddol. Cynyddwyd yr ymdeimlad hwn ganwaith o wybod, hyd yn oed o'r llythyr olaf a anfonodd ataf yn fuan cyn ei marw, fod fy mam yn fy nghalonogi yn fy naliadau ac wrth imi frwydro o'u plaid.

(t. 62–3)

Wedi iddo glywed am farwolaeth ei fab mewn damwain car
Y foment hon nid oes gennyf wybodaeth ddilys o fath yn y byd ynghylch sut y bu Thembi farw . . . Nid yn unig fe'm hamddifadwyd o'r cyfle i'w weld am y tro olaf, fy mab hynaf a'm ffrind, a gwrthrych balchder fy nghalon, ond fe'm cedwir mewn tywyllwch ynghylch popeth sydd a wnelo ag ef, ac â'i hynt a'i helynt.

(t. 170)

Llythyr ar yr un achlysur at Brif Swyddog y carchar
Fy nymuniad yw mynychu gwasanaeth angladd fy mab ar fy nghost fy hun a thalu fy mharch i'w goffadwriaeth am y tro olaf. Fy nhaer ddymuniad yw y bydd yn bosibl ichi ystyried y cais hwn gyda mwy o ddynoliaeth nag a ddangoswyd yn achos cais tebyg prin ddeng mis yn ôl ym Medi 1968 am ganiatâd i fod yn bresennol yn angladd fy mam . . .

Byddai'r fath weithred ddyngarol wedi mynd yn bell iawn at liniaru'r ergyd galed a'r anffawd boenus yn achos carcharor a gollodd ei fam, a byddai wedi rhoi'r cyfle imi fod yn bresennol yn ei hangladd.

(t. 168–9)

[Ond ni chaniatawyd ei gais: 'Anwybyddwyd fy nghais ac ni chefais hyd yn oed y ffafr a'r cwrteisi o gydnabyddiaeth.']

(t. 170)

Atal canu yn y carchar
Roedd canu'n cael ei wahardd . . . yn enwedig pan oeddem yn gweithio . . . aethant â ni i'r chwarel . . . Aethant â ni yno er mwyn dangos inni nad peth rhwydd yw dod i garchar, nid picnic mohono . . . eu bwriad oedd torri'n hysbryd. Felly yr hyn wnaethom ni oedd canu caneuon rhyddid

wrth wneud ein gwaith, ac roedd pawb wedi eu hysbrydoli . . . Yna sylweddolodd yr awdurdodau, 'Mae'r bechgyn hyn yn rhy filwriaethus' a dedfrydu 'Dim canu wrth weithio' . . . Er inni roi clust iddynt, pan aem yn ôl i'n celloedd, ac yn enwedig ar wylnos y Nadolig a'r Flwyddyn Newydd, aethom ati i drefnu cyngherddau, a ninnau'n canu. Ac ymhen peth amser, daethant yn gyfarwydd â hynny.

(t. 141–2)

Byd newydd

Nid drwy'r rhai sy'n sefyll o hirbell, â'u breichiau ymhleth, y mae ennill byd newydd, ond trwy'r rhai sydd ynghanol yr ymrysonfa, a'u dillad wedi eu rhwygo yn y stormydd, a'u cyrff wedi eu clwyfo ym merw'r frwydr. Y rhai na chefnodd erioed ar y gwirionedd, eiddyn nhw yw'r anrhydedd – hyd yn oed pan fo pethau i'w gweld yn dywyll ac yn ddigalon.

(t. 175–6)

Ryw ddydd!

Bydd bob amser ddynion da yn y byd ymhob gwlad, hyd yn oed yma, yn y wlad hon. Ryw ddydd, efallai, y cawn o'n plaid gefnogaeth driw a chadarn rhyw ŵr union a didwyll mewn uchel swydd a fydd yn ystyried mai annheilyngdod ar ei ran fyddai esgeuluso'i ddyletswydd i amddiffyn hawliau a breintiau ei wrthwynebwyr pennaf, hyd yn oed, yn y frwydr syniadol a gaiff ei hymladd yn ein gwlad heddiw; swyddog a fydd â syniad digonol o gyfiawnder a thegwch i hyrwyddo'r iawnderau a'r breintiau a ganiateir gan y gyfraith heddiw, ond a fydd hefyd yn gwneud iawn inni am y rhai hynny a ddygwyd oddi arnom mewn modd mor llechwraidd.

(t. 184)

Does dim un carchar all gaethiwo ysbryd dyn

Trwy gydol fy ngharchariad mae fy nghalon a'm henaid wedi bod ymhell iawn o'r lle hwn, yn y *veld* a'r llwyni. Rwy'n byw y tu hwnt i donnau'r môr yng nghwmni'r holl atgofion a'r profiadau a gesglais dros yr hanner can mlynedd diwethaf . . . Gall arfau ysbrydol fod yn dra nerthol. Ar ryw ystyr fe wnânt garcharorion yn ddynion rhydd, gan droi pobl gyffredin yn frenhinoedd, a throi baw yn aur pur. A'i osod yn blaen, dim ond fy nghnawd a'm gwaed sydd wedi eu cau i mewn y tu ôl i'r muriau caethiwus hyn. Yn fy meddyliau yr wyf mor rhydd â'r hebog.

(t. 181–2)

Ei air olaf

Un ystyriaeth a fu'n boendod mawr imi yn y carchar oedd y camargraff a gyfleais, yn ddiarwybod, i'r byd y tu allan; fy mod yn cael fy ystyried yn sant. Fûm i erioed yn sant, ddim hyd yn oed ar sail y diffiniad daearol o sant fel pechadur nad yw fyth yn rhoi'r gorau iddi.

(t. 410)

ARGLWYDD, MAE GEN I AMSER

Deuthum allan, Arglwydd.
Yr oedd dynion yn dod allan
dan gerdded a rhedeg.
Roedd popeth yn rhuthro: ceir, lorïau, y stryd, yr holl dre',
roedd dynion yn rhuthro rhag gwastraffu amser,
i ddal i fyny ag amser, i arbed amser.
Da boch chi, syr! Maddeuwch imi, does gen i ddim amser,
do' i'n ôl, rywbryd eto; alla i ddim aros, does gen i ddim amser.
Rhaid imi orffen y llythyr 'ma, does gen i ddim amser.
Alla i byth â derbyn, does gen i mo'r amser.
Byddwn i wrth fy modd yn eich helpu, ond does gen i mo'r amser.
Alla i ddim meddwl, ddim darllen, mae popeth ar fy mhen i, does gen i ddim
amser.
Mi liciwn i weddïo, ond does gen i ddim amser.

Rwyt ti'n deall, Arglwydd, yn hollol syml, does ganddyn nhw ddim mo'r amser.
Mae'r plentyn yn chwarae. Ar hyn o bryd does ganddo ddim amser. Rywbryd
eto . . .
Mae'r plant ysgol yn gwneud eu gwaith cartre'. Does ganddyn nhw ddim amser.
Rywbryd eto . . .
Mae'r llanc wrth ei hoff ddifyrrwch, does ganddo fe ddim amser. Rywbryd
eto . . .
Mae'r gŵr ifanc priod â gwaith i'w gwblhau yn ei dŷ newydd. Dim amser.
Rywbryd eto . . .
Mae Tadcu a Mamgu yn gofalu am eu hwyrion. Does ganddyn nhw ddim
amser.
Rywbryd eto . . .
Maen nhw'n glaf, ac ar ganol eu triniaeth, does ganddyn nhw ddim amser.
Rywbryd eto . . .
Maen nhw'n marw. Does ganddyn nhw ddim . . .
Mae'n rhy hwyr! Does ganddyn nhw ddim rhagor o amser!

Ac felly mae'r ddynolryw yn rhedeg ar ôl amser, Arglwydd. Maen nhw'n mynd trwy fywyd dan redeg, ar frys, yn cael eu gwthio o boptu, yn llwythog. Ond dŷn nhw byth yn cyrraedd. Does ganddyn nhw ddim amser. Ar waetha eu holl ymdrechion maen nhw'n dal i fod yn brin o amser, o gryn lawer o amser!

Arglwydd, mae'n rhaid dy fod di wedi gwneud camsyniad yn dy gyfrifon! Mae yna gamsyniad mawr yn rhywle. Mae'r oriau'n rhy fyr. Does dim digon o oriau mewn diwrnod. Mae'n bywydau ni'n rhy fyr.

Ti, Arglwydd, sydd y tu hwnt i amser! Yn gwenu wrth edrych arnom ni'n brwydro yn ei erbyn. Rwyt ti'n gwybod yn iawn beth rwyt ti'n ei wneud. Dwyt ti ddim wedi gwneud camsyniad wrth gyfrannu amser i ddynion. Rwyt ti'n rhoi digon o amser i bawb wneud yr hyn rwyt ti am iddo'i wneud. Ond rhaid inni beidio â cholli amser; gwastraffu amser; lladd amser, oherwydd rhodd yw amser oddi wrthyt ti, ond rhodd sy'n dadfeilio'n gyflym, rhodd nad yw hi ddim yn cadw.

Arglwydd, mae gen i amser! Mae gen i ddigon o amser, yr holl amser a roddi di imi: blynyddoedd fy oes, dyddiau fy mlynyddoedd, oriau fy nyddiau. Y fi sydd biau nhw i gyd. Yr eiddof fi ydyn nhw i'w llenwi yn dawel a digyffro, ond eu llenwi nhw'n llawn – i'r ymylon, a'u hoffrymu i ti, er mwyn i ti allu gwneud gwin coch o'u dŵr di-flas, fel y gwin a wnaethost gynt yng Nghana Galilea.

Dwi ddim yn gofyn i ti heno, Arglwydd, am amser i wneud hyn, ac amser i wneud y peth arall, ond gofyn rydw i am dy ras di i wneud, yn gydwybodol, ac yn yr amser a roddi di imi, yr hyn a fynni di i mi ei wneud.   Amen.

Cyfieithiad o 'Lord, I have time' allan o *Prayers of Life* gan Michel Quoist (Dublin: Gill and Macmillan). Trwy ganiatâd y cyhoeddwyr.

ALLWEDDI I DDRWS YR EPISTOL AT Y GALATIAID

Yr Allwedd Gyntaf: At bwy yr ysgrifennwyd y llythyr?

Rhaid inni ofyn: pwy oedd darllenwyr cyntaf y llythyr, ac ymhle roedden nhw'n byw? Mae esbonwyr yn ymrannu'n *ddwy garfan* wrth geisio ateb y cwestiwn hwn:

A. Dadleuodd **J. B. Lightfoot** fod y term 'Galatia' yn cyfeirio at 'ardal ddaearyddol' sef yr hen deyrnas Geltaidd o amgylch dinasoedd Pessinus, Tafium ac Ancyra yng ngogledd Asia Leiaf. Haerodd Lightfoot fod Paul wedi ymweld â'r ardal honno ar adeg ei Ail a'i Drydedd Daith Genhadol (gweler Actau 16: 6 a 18: 23). Dyma 'Ddamcaniaeth Gogledd Galatia'.

B. Dadleuodd **Syr William Ramsay** fod y term 'Galatia' i'w ddeall mewn ystyr 'boliticaidd' fel cyfeiriad at Dalaith Rufeinig Galatia. Gwyddom fod Paul ar ei Daith Genhadol Gyntaf wedi sefydlu eglwysi yn Ne'r Dalaith, yn ninasoedd Antioch yn Pisidia, Iconium, Lystra a Derbe (gweler Actau 13 a 14). Dyma 'Ddamcaniaeth De Galatia'.

   Chwiliwch yr esboniadau ar yr Epistol at y Galatiaid lle y ceir y dadleuon o blaid y naill ddamcaniaeth a'r llall wedi eu rhestru. Byddwch yn sylwi bod esbonwyr y cyfandir ar y cyfan yn ffafrio Damcaniaeth Gogledd Galatia ac esbonwyr Prydain a'r Unol Daleithiau ar y cyfan yn ffafrio Damcaniaeth De Galatia. Yn fy marn i mae un gwendid mawr yn perthyn i Ddamcaniaeth Gogledd Galatia, sef nad oes gyda ni ddim sail dros gredu bod Paul wedi sefydlu eglwysi yn ardal ddaearyddol yr hen deyrnas Geltaidd yn y gogledd.

Yr Ail Allwedd: Pa bryd yr ysgrifennwyd y llythyr?

A. Os ŷm ni'n derbyn Damcaniaeth Gogledd Galatia rhaid dyddio'r llythyr rywbryd ar ôl i Paul ymweld â'r Hen Deyrnas Ogleddol, ar ei Ail a'i Drydedd Daith Genhadol (Actau 16: 6 a 18: 23).

Mae hynny'n golygu dyddio'r llythyr tua'r un adeg ag I a II Corinthiaid a Rhufeiniaid, sef rhywbryd rhwng 54 a 57 O. C. Yn ôl y rhai sy'n derbyn y ddamcaniaeth hon, roedd y Cyngor yn Jerwsalem wedi digwydd, a dyna'r ymweliad â Jerwsalem y mae Paul yn ei ddisgrifio yn Galatiaid 2: 1–10.

B. Os ŷm ni'n derbyn Damcaniaeth De Galatia, mae'n bosibl dyddio'r llythyr rai blynyddoedd yn gynharach. Ond pa mor gynnar?

Mae modd dyddio Galatiaid cyn dyddiad y Cyngor yn Jerwsalem yn 49 O. C. Yn y Cyngor hwnnw (gweler Actau 15) gwnaethpwyd penderfyniadau pwysig ynghylch derbyn Cenedl-ddynion i mewn i'r Eglwys. Ond nid yw Paul yn sôn gair am y Cyngor na'i benderfyniadau yn Galatiaid er y byddai gwneud hynny yn ychwanegu at gryfder ei ddadleuon. Y rheswm pam y mae'n hepgor pob sôn am y Cyngor yw nad oedd y Cyngor, yn ôl pob tebyg, wedi bod. Gan hynny, y mae modd dyddio Galatiaid tua 48 neu 49 O.C., ac mae hynny'n golygu mai dyma'r llythyr cyntaf sydd yn ein meddiant o waith Paul.

Y Drydedd Allwedd: Beth yw prif thema'r llythyr?

Llythyr yn sôn am ryddid (Groeg: *eleutheria*) y Cristion yw'r Llythyr at y Galatiaid. Mae thema'r llythyr i'w gweld yn eglur yn 5: 1: 'I ryddid y rhyddhaodd Crist ni. Safwch yn gadarn, felly, a pheidiwch â phlygu eto i iau caethiwed.'

Oherwydd fod Paul yn sôn cymaint am 'ryddid' mae rhywrai wedi disgrifio Galatiaid fel 'Epistol Rhyddid', 'the Magna Carta of evangelical Christianity'. Ond pam roedd Paul yn teimlo bod rhaid iddo godi baner rhyddid gerbron ei ddarllenwyr? Y rheswm syml yw fod y rhyddid hwnnw'n cael ei beryglu yn eglwysi Galatia.

Pwy oedd y rhai oedd yn peryglu rhyddid Cristnogion Galatia? I ateb y cwestiwn hwnnw rhaid gwneud gwaith ditectif a chwilio adnodau'r llythyr am gliwiau:

1. Bod rhywrai, yn eu hawydd i wyrdroi Efengyl Crist, yn aflonyddu arnoch (1: 7).
2. Brodyr gau, llechwn a oedd wedi llechian i mewn fel sbïwyr ar y rhyddid sy'n eiddo i ni yng Nghrist Iesu, gyda'r bwriad o'n caethiwo ni (2: 4).
3. Y Galatiaid dwl! Pwy sydd wedi eich rheibio chwi? (3: 1).

4. Sut y gallwch droi yn ôl at yr ysbrydion elfennig llesg a thlawd a mynnu mynd yn gaethweision iddynt unwaith eto? Cadw dyddiau, a misoedd, a thymhorau, a blynyddoedd, yr ydych (4: 9 a 10).

5. Y mae yna bobl sy'n rhoi sylw mawr ichwi, ond nid er eich lles; ceisio eich cau chwi allan y maent, er mwyn i chwi roi sylw iddynt hwy (4: 17).

6. Dyma fy ngeiriau i, Paul, wrthych chwi: os derbyniwch enwaediad, ni bydd Crist o ddim budd i chwi . . . oherwydd yng Nghrist Iesu nid enwaediad sy'n cyfrif, na dienwaediad ond ffydd yn gweithredu trwy gariad (5: 2 a 6).

7. Yr oeddech yn rhedeg yn dda. Pwy a'ch rhwystrodd chwi rhag canlyn y gwirionedd? (5: 7).

8. Bydd rhaid i hwnnw sy'n aflonyddu arnoch ddwyn ei gosb, pwy bynnag yw (5: 10).

9. O na byddai eich aflonyddwyr yn eu sbaddu eu hunain hefyd! (5: 12).

10. Dynion â'u bryd ar rodres yn y cnawd yw'r rheini sy'n ceisio eich gorfodi i dderbyn enwaediad . . . Y maent am i chwi dderbyn enwaediad er mwyn iddynt hwy gael ymffrostio yn eich cnawd chwi (6: 12 a 13).

Pwy oedd yr 'aflonyddwyr' hyn oedd wedi 'rheibio' Cristnogion Galatia, a cheisio'u perswadio i dderbyn enwaediad fel y cam cyntaf a fyddai'n arwain at gadwedigaeth, ac i gydymffurfio â defodau a gofynion y calendr Iddewig gyda'i wyliau gosodedig megis sabathau, newydd-loerau, gwyliau tymhorol, a defodau'r Flwyddyn Newydd a'r Flwyddyn Sabothol? Roedd Paul wedi ei gythruddo gan eu syniadau, i gymaint graddau nes ei fod yn eu galw'n 'frodyr gau, llechgwn a oedd wedi llechian i mewn fel sbïwyr ar y rhyddid sy'n eiddo i ni yng Nghrist Iesu'.

Y term a ddefnyddir i'w disgrifio yw 'Iddeweiddwyr' ('Judaizers'). Mae'n amlwg iddyn nhw geisio perswadio'r Cenedl-ddynion hynny yng Ngalatia a oedd wedi derbyn Cristnogaeth nad oedd hynny'n ddigon: roedd rhaid iddyn nhw dderbyn holl ddefodau a seremonïau'r Ddeddf Iddewig (e.e. enwaediad) yn ogystal! Ond roedd Paul yn ddi-droi'n-ôl: dwy grefydd hollol wahanol oedd Iddewiaeth a Christnogaeth; dysgai'r naill gyfiawnhad trwy gyflawni gofynion y ddeddf; dysgai'r llall gyfiawnhad trwy ffydd yn Iesu Grist. I'r Cristion, meddai Paul, 'Nid enwaediad sy'n cyfrif, na dienwaediad, ond ffydd yn gweithredu trwy gariad' (5: 6). Byddai cael eu henwaedu yn awr yn gyfystyr â 'phlygu' unwaith eto i 'iau caethiwed'. Ofnai Paul y gallai syniadau hereticaidd yr 'Iddeweiddwyr' ymledu drwy'r eglwysi i gyd: 'Y mae ychydig surdoes,' meddai, 'yn suro'r holl does' (5: 9).

Y Bedwaredd Allwedd: Sut y mae Paul yn ateb yr Iddeweiddwyr?

Mae Paul yn ateb yr Iddeweiddwyr mewn dwy ffordd wahanol, a chanlyniad hynny yw bod dwy adran wahanol i'r Llythyr at y Galatiaid:

A. Yr Adran Hunangofiannol (1: 1 hyd 2: 14)
B. Yr Adran Athrawiaethol (2: 15 hyd y diwedd)

Nodyn: Tua diwedd y llythyr (o 5: 13 ymlaen), mae pwyslais Paul ar athrawiaeth yn symud i gyfeiriad trafodaeth o gyfrifoldeb *moesol* Cristnogion Galatia wrth fyw eu bywyd fel dilynwyr i Grist o ddydd i ddydd. Gan hynny mae rhai esbonwyr yn sôn hefyd am Adran Foesegol (5: 13 – 6: 10) o fewn yr Adran Athrawiaethol.

A. YR ADRAN HUNANGOFIANNOL

Pam roedd Paul yn teimlo bod rhaid iddo roi hanes ei yrfa ef ei hun ar ddechrau'r llythyr?

Yr ateb yw bod Paul wedi ei gythruddo gan rywbeth yr oedd yr Iddeweiddwyr wedi'i ddweud amdano. Mae'n mynd ati ar unwaith i ateb yr ensyniad, ac mae'n gwneud hynny dan gryn deimlad. Yn wir, yr Epistol at y Galatiaid yw un o'r llythyrau mwyaf teimladol a ysgrifennwyd ganddo, ac mae'n hawdd deall pam. Roedd yr Iddeweiddwyr wedi bwrw amheuaeth ar awdurdod apostolaidd Paul. Doedd e ddim yn wir apostol, medden nhw, gan nad oedd wedi bod gyda Iesu Grist yn nyddiau ei gnawd. Yr unig awdurdod oedd ganddo oedd awdurdod ail-law, wedi ei dderbyn trwy hyfforddiant dan yr apostolion eraill. A gwaeth na hynny, roedden nhw wedi awgrymu mai bwriad Paul oedd 'plesio dynion' wrth awgrymu nad oedd dim rhaid iddyn nhw gael eu henwaedu.

Yn yr Adran Hunangofiannol, felly, aeth Paul ati i ateb y rhai oedd yn bwrw amheuaeth ar ei awdurdod apostolaidd:

1. Yn y bennod gyntaf
(i) O'r adnod gyntaf yn deg, mae Paul yn ateb ensyniadau'r Iddeweiddwyr. Heb unrhyw ragarweiniad o fath yn y byd, mae'n rhoi ei gredensials gerbron ei ddarllenwyr:

'Paul, apostol – nid o benodiad dynion, na chwaith trwy awdurdod unrhyw ddyn, ond trwy awdurdod Iesu Grist a Duw Dad, yr hwn a'i cyfododd ef o feirw.'

(ii) Mae'n mynegi ei syndod bod Cristnogion Galatia wedi 'cefnu mor fuan' arno ef a'i ddysgeidiaeth a throi at 'efengyl wahanol' dan ddylanwad 'rhywrai' oedd yn aflonyddu arnynt, ac yn gwyrdroi Efengyl Crist. Yn ei ddigofaint sanctaidd mae Paul yn cyhoeddi melltith ar unrhyw un sy'n cyhoeddi neges sy'n wahanol i'r Efengyl a glywsant gyntaf ar wefusau Paul ei hun. Go brin y byddai neb yn ei gyhuddo o geisio 'plesio dynion' ar ôl ei glywed yn cyhoeddi'r fath felltith.

(iii) Mae un peth y mae am i Gristnogion Galatia ei ddeall o'r dechrau: nid derbyn yr Efengyl a wnaeth fel unrhyw draddodiad arall a drosglwyddir gan ddynion, ac nid cael ei hyfforddi ynddi a wnaeth: fe'i cafodd 'trwy ddatguddiad Iesu Grist' (h.y. ar y ffordd i Ddamascus).

(iv) Yna, mae'n olrhain camau ei fagwraeth yn y grefydd Iddewig, ei hanes fel erlidiwr y Ffydd Gristnogol, a'i sêl dros draddodiadau ei genedl. Yr awgrym yw nad oedd dim byd yn ei fagwraeth flaenorol a oedd wedi ei dueddu at Gristnogaeth. Datguddiad *Duw* oedd y cyfan, er mwyn ei alw i bregethu ymhlith y Cenhedloedd.

(v) Mae'n profi ei bwynt trwy olrhain ei symudiadau yn union ar ôl ei dröedigaeth. Nid mynd i Jerwsalem i ymgynghori â'r apostolion a wnaeth, ond mynd i Arabia, ac yna'n ôl i Ddamascus. Dim ond ar ôl tair blynedd yr aeth i Jerwsalem, a dod i nabod Pedr, ac aros gydag ef am bythefnos yn unig. Anhygoel neu beidio, roedd yn fodlon mynd ar ei lw ei fod yn dweud y gwir! Yn ystod yr arhosiad byr hwnnw, welodd Paul neb arall o'r apostolion ar wahân i Iago, brawd Iesu Grist. Go brin fod pythefnos yn ddigon o amser i ategu'r cyhuddiad ei fod yn ddibynnol ar apostolion Jerwsalem am ei awdurdod.

(vi) Wedi hynny, aeth i ffwrdd i Antioch a Cilicia (fe gofiwn mai yn Nharsus yn Cilicia y ganed Paul) – dwy ardal ddigon pell o Jerwsalem.

(vii) Yn wir, doedd yr eglwysi o amgylch Jerwsalem (yn Jwdea) ddim yn nabod Paul; yr unig beth a wydden nhw oedd bod yr un oedd wedi bod yn erlidiwr yr Eglwys wedi troi i fod yn bregethwr yr union Ffydd yr oedd yn ceisio ei difrodi o'r blaen. Ac roedd hynny'n rheswm dros roi gogoniant i Dduw. Dim ond *Duw* yn unig a allai fod wedi peri i'r fath newid ddigwydd.

2. Yn yr ail bennod

(i) Aeth pedair blynedd ar ddeg heibio cyn i Paul fynd i Jerwsalem y tro nesaf, gyda Barnabas a Titus. Aeth yno 'o ganlyniad i ddatguddiad' – gan awgrymu mai o *Dduw*, nid o ddynion, y daeth y cymhelliad i fynd yno. Yno, mewn cyfarfyddiad preifat – o'r neilltu – gosododd gerbron arweinwyr Jerwsalem yr Efengyl yr oedd ef yn ei phregethu ymhlith y Cenedl-ddynion. Doedd e ddim am i'w waith fod yn ofer, wedi'r cwbl.
N. B. Dylech fod yn gallu ychwanegu nodyn yma i egluro pa achlysur oedd hwn yr oedd Paul yn cyfeirio ato:
ai (a) yr Ymweliad ar Adeg y Newyn yn O. C. 46? (Dyna farn yr esbonwyr sy'n credu mai at eglwysi yn Ne Galatia yr ysgrifennodd Paul); neu (b) yr Ymweliad ar Adeg y Cyngor yn O. C. 49? (Dyna farn yr esbonwyr sy'n credu mai at eglwysi yng Ngogledd Galatia yr ysgrifennodd Paul).

(ii) Roedd yr Iddeweiddwyr ('llechgwn a oedd wedi llechian i mewn fel sbïwyr ar y rhyddid sy'n eiddo i ni yng Nghrist Iesu') wedi ceisio gorfodi Titus (a oedd yn Genedl-ddyn, ac felly, heb ei enwaedu) i gael ei enwaedu. Ond nid oedd Paul wedi ildio iddyn nhw am foment.
N. B. Mae anghytundeb rhwng esbonwyr wrth geisio ateb y cwestiwn: A gafodd Titus ei enwaedu ai peidio? Dylid darllen yr esboniadau gwahanol ar adnodau 3–5.

(iii) Mae'n amlwg nad oedd gan 'y gwŷr a gyfrifir yn rhywbeth' yn Jerwsalem ddim byd i'w ychwanegu at yr Efengyl yr oedd Paul yn ei phregethu. Yn unig fe gytunwyd i rannu tiriogaeth: câi Paul ofalu am yr Efengyl i'r Cenedl-ddynion a Phedr ofalu am yr Efengyl i'r Iddewon. Wedi'r cyfan, gwaith Duw yr oedd y naill a'r llall yn ei gyflawni.

(iv) Roedd 'y gwŷr a ystyrir yn golofnau' (Iago a Ceffas ac Ioan) yn barod i gydnabod y gras a roddwyd i Paul, a chytunwyd i rannu'r gwaith rhyngddynt, gan bwyso arnynt yn unig i gofio'r tlodion. A dyna'r union beth, meddai Paul, yr oeddwn wedi ymroi i'w wneud.

(v) Yn ddiweddarach, yr oedd Paul a Cheffas wedi cwrdd yn Antioch yn Syria. Roedd Ceffas yn ddigon parod ar y dechrau i rannu cymdeithas ford â Chenedl-ddynion. Ond pan ddaeth 'rhywrai oddi wrth Iago' i Antioch, cynrychiolwyr 'plaid yr enwaediad' (h.y. y rhai oedd yn credu y dylid enwaedu Cenedl-ddynion wrth eu derbyn i mewn i'r Eglwys), fe ddechreuodd Ceffas 'gadw'n ôl' ac 'ymbellhau'. A phan welodd rhai o'r Cristnogion Iddewig eraill, a Barnabas yn eu plith, fod Ceffas yn tynnu'n ôl, fe ddechreusant wneud yr un peth. Teimlodd Paul fod rhaid iddo wrthwynebu Ceffas 'yn ei wyneb'. Doedd ef a'r gweddill 'ddim yn cadw at lwybr gwirionedd yr Efengyl'. Roedd Ceffas yn euog o ragrith: Iddew'n byw bywyd cymdeithasol (e.e. wrth y ford fwyd) fel petai'n Genedl-ddyn un diwrnod, a'r diwrnod nesaf yn gorfodi'r Cenedl-ddynion i gael eu henwaedu cyn y gallen nhw rannu cymdeithas ford gyda Christnogion Iddewig.

'Fe'i gwrthwynebais yn ei wyneb,' meddai Paul, a hynny yn enw 'gwirionedd yr Efengyl'. Dyna enghraifft arall o *awdurdod* Paul; dim ond rhywun a oedd yn argyhoeddedig o'i awdurdod fel apostol i Iesu Grist a fyddai'n beiddio herio awdurdod Ceffas, o bawb.

A dyna ni wedi cyrraedd diwedd yr Adran Hunangofiannol.

B. YR ADRAN ATHRAWIAETHOL

Yn yr adran bwysig hon y mae Paul yn dadlau ar sail yr hyn yr oedd yn ei gredu a'r hyn yr oedd yn ei ddysgu am Berson a Gwaith Iesu Grist. Rhaid inni geisio dilyn ei ddadleuon yn ofalus o gam i gam, gan ddilyn paragraffau'r B.C.N.

2: 15–21

Cristnogion Iddewig oedd Paul a Cheffas. Fel Iddewon byddent wedi arfer credu mai trwy ufudd-dod i Gyfraith Moses yr oedd dyn yn cael ei gyfiawnhau. Ond fel Cristnogion, fe wyddent mai trwy ffydd y mae dyn yn cael ei gyfiawnhau, nid trwy gadw gofynion cyfraith. I'r Iddew, y pechod mawr fyddai torri'r gyfraith, ac roedd pob Cenedl-ddyn yn 'bechadur' yng ngolwg Iddew am yr union reswm hwnnw. Ond na! meddai Paul; nid cefnu ar gyfraith sy'n gwneud dyn yn bechadur. Pe bai ef yn cefnu ar ei ryddid newydd yng Nghrist a mynd 'nôl i'r hen fywyd seiliedig ar gyfraith – dyna fyddai'n ei wneud yn bechadur.

Mae Paul yn adrodd ei brofiad ei hun. Roedd ef, yr Iddew selog, wedi 'marw i'r gyfraith' (h.y. wedi cefnu arni) gan sylfaenu ei fywyd ar ffydd yng Nghrist, er mwyn 'byw i Dduw'. Roedd yn union fel pe bai wedi cael ei groeshoelio gyda Christ. Roedd ei fywyd bellach yn nwylo Crist yn gyfan gwbl, trwy ffydd ym Mab Duw. Nid fi, meddai, sy'n gwadu gras Duw trwy gefnu ar y gyfraith, ond yn hytrach y bobl hynny sy'n mynnu cadw at ofynion y gyfraith fel ychwanegiad i'r datguddiad o ras Duw a gafwyd ym mherson Iesu Grist. Oherwydd, meddai Paul, mewn 'taran follt o frawddeg', pe bai'r gyfraith yn gallu gwneud dyn yn gyfiawn, fyddai ddim angen i Grist fod wedi marw.

3: 1–14

Roedd Paul wedi colli pob amynedd â'r 'Galatiaid dwl'. Rhaid bod rhywun wedi eu llygad-dynnu oddi wrth y darlun ysblennydd o Grist ar ei groes yr oedd Paul wedi ei gyflwyno iddyn nhw.

Felly, mae'n apelio at eu profiad. Mae'n gofyn: ai ar sail cyfraith, ynteu ar sail ffydd yr oedden nhw wedi derbyn yr Ysbryd Glân gyntaf, a bod yn dystion i'r gwyrthiau a oedd wedi digwydd yn eu plith? Roedd yr ateb yn eglur: mor ddwl felly i rai a ddechreuodd eu pererindod Cristnogol 'trwy ffydd' fyddai iddynt orffen eu taith 'trwy'r cnawd' (h.y. trwy ildio i gais yr Iddeweiddwyr am gael eu henwaedu). Byddai'r holl brofiadau a gawsant yn ofer wedyn.

Mae Paul yn mynd ymhellach 'nôl na Moses ac yn apelio at Abraham, gwir dad-yn-y-ffydd pob Iddew. Onid trwy ffydd y cyfiawnhawyd ef oherwydd iddo ymateb mewn ffydd i addewid Duw i amlhau rhifedi ei had pan oedd ef a Sarai yn ddi-blant (Genesis 15: 6)? Y rhai sydd â ffydd ganddynt (h.y. Cristnogion) yw gwir blant Abraham felly, nid plant Israel fel yr oedd yr Iddew'n haeru. Ac roedd meibion ffydd ymhob man (hyd yn oed y Cenedl-ddynion) i fod â rhan yn y fendith yr oedd Duw wedi ei haddo i Abraham (Genesis 12: 3 ac 18: 18). 'Ynot ti y bendithir holl genhedloedd y ddaear.'

Yna, mae Paul yn ymosod ar yr union gyfraith yr oedd yr Iddeweiddwyr yn rhoi cymaint pwys arni. Fedr y gyfraith ddim gwneud dyn yn gyfiawn oherwydd y mae'r gyfraith yn dwyn melltith ar bawb sy'n methu â chadw ei gofynion yn llawn (Deuteronomium 27: 26). 'Melltith ar bob un nad yw'n cadw at bob peth sy'n ysgrifenedig yn llyfr y gyfraith, a'i wneud.' A pha un ohonom sy'n eu cadw'n llawn? Felly, gan na fedr y gyfraith sicrhau iawn berthynas â Duw, rhaid bod sail arall i'n cyfiawnhad, sef ffydd, fel y mae Habacuc 2: 4 wedi mynegi: 'Y sawl sydd trwy ffydd yn gyfiawn a gaiff fyw.' Delio â gweithred y mae'r Ddeddf, nid delio â ffydd, fel y mae Lefiticus 18: 5 yn haeru: 'Y sawl sy'n cadw ei gofynion a gaiff fyw trwyddynt hwy.'

Gan hynny, ar wahân i Grist, yr ydym yn golledig, oherwydd fedr neb gyflawni holl ofynion y Ddeddf. Ond mae Crist wedi ein gollwng ni'n rhydd o felltith y Ddeddf trwy ddull o farwolaeth a ystyrid yn felltith yng ngolwg y gyfraith. Yng ngolwg yr Iddew, ystyrid dyn a grogwyd fel pe bai wedi ei felltithio gan Dduw (gw. Deuteronomium 21: 23) ond fe droes Iesu farwolaeth felltigedig yn gyfrwng i gyfiawnhau dynion.

3: 15–20

Nawr mae Paul yn defnyddio eglureb. Mae'n cymharu addewid Duw i Abraham ag ewyllys mae dyn yn ei gwneud â'i etifeddion; unwaith y mae'r ewyllys yn cael ei thynnu allan, ni ellir ei newid na'i chanslo gan neb. Yn ôl Genesis 12: 7, fe wnaeth Duw 'ewyllys' â'i etifeddion. Yr ewyllys a wnaeth oedd ei addewid i Abraham a'i had (sylwer mai unigol yw'r gair 'had', ac y mae Paul yn deall oddi wrth hynny mai cyfeiriad at Grist yw 'had'). Nawr, fe ddaeth y Ddeddf 430 o flynyddoedd (Exodus 12: 40) yn ddiweddarach nag addewid Duw i Abraham. Felly fedrai'r Ddeddf ddim canslo'r Addewid. Gan hynny y mae'r Addewid yn sefyll o hyd.

Pwy felly sydd i'w hystyried yn 'etifeddion' yr Ewyllys? Nid y rhai sydd wedi glynu wrth y Ddeddf, nad yw ddim byd mwy na chodisil – ychwanegiad i'r Ewyllys – ond y rhai sydd trwy ffydd yn ymddiried yn addewidion Duw. Rhywbeth wedi ei ychwanegu yw'r Ddeddf, oherwydd troseddau. Rhywbeth eilradd yw'r Ddeddf; dros dro y mae, hyd nes y daw'r 'Had' (sef Crist). Ordeiniwyd y Ddeddf trwy angylion (Deuteronomium 32: 2) ac fe'i rhoddwyd trwy gyfryngwr (sef Moses), ond rhoddwyd yr Addewid gan Dduw ei hun yn uniongyrchol i Abraham. Mae'r hyn a roddir trwy gyfryngwr yn amlwg yn israddol i'r hyn a roddir yn uniongyrchol gan un – a'r un hwnnw yw Duw.

3: 21–4: 7

Gwendid mawr y Gyfraith yw ei bod yn analluog i ddelio â phechod. Ond y mae iddi ei lle yn y cynllun dwyfol; mae angen ei disgyblaeth arnom ar ein taith i'n hetifeddiaeth. Y mae Duw wedi apwyntio'r Ddeddf fel *paidagôgos*, rhywun i'n gwarchod a'n disgyblu nes y daw'r iachawdwriaeth yng Nghrist. Y *paidagôgos* oedd y caethwas a ofalai am y plant, a'u hebrwng i'r ysgol a'u disgyblu hyd nes y deuent i oedran cyfrifol. Ond unwaith y deuai'r Cristion i'r profiad o ffydd yng Nghrist, fyddai ddim angen gwasanaeth y *paidagôgos* arno wedyn. Oherwydd yng Nghrist rŷm ni oll yn blant i Dduw, trwy ffydd, ac y mae pob mur gwahaniaeth wedi ei dorri i lawr. Y Cristion, felly, yw gwir etifedd Abraham. Gellwch ddychmygu sut roedd yr Iddeweiddwyr yn ymateb i osodiad felly.

Y Cristion, felly, yw etifedd addewidion Duw. Ond pan fo'r etifedd dan oedran, nid yw fawr gwell na chaethwas, oherwydd mae dan ddisgyblaeth ceidwaid a goruchwylwyr hyd at y dyddiad a osodwyd gan y tad. Mae'r un peth yn wir amdanom ni. Roeddem ni, yn Iddewon a Chenedl-ddynion, yn gaeth i 'ysbrydion elfennig y cyfanfyd' (Groeg *stoicheia*) cyn inni ddyfod i'n hoed yn Iesu Grist. (Y *stoicheia* yw elfennau'r cread, sef awyr, dŵr a thân. Roedd Paul, fel llawer yn ei oes, yn credu bod yr elfennau hyn dan reolaeth bodau ysbrydol, rhai'n dda, eraill yn ddrwg. A chydag amser daeth y *stoicheia* i olygu'r ysbrydion hyn.)

Trwy ras Duw, nid caethion ydym mwyach, ond meibion ac etifeddion, oherwydd mae Duw yng nghyflawnder yr amser wedi anfon ei Fab i'n byd er mwyn i ni gael ein mabwysiadu'n feibion i Dduw, ac y mae'r modd yr ŷm ni'n dweud, 'Abba, Dad' wrth addoli yn arwydd o'n mabwysiad.

4: 8–20
Pe bai'r Galatiaid yn gwrando ar yr Iddeweiddwyr, byddai hynny'n gyfystyr â dychwelyd i gaethiwed dan yr ysbrydion elfennig hyn. Roedden nhw eisoes yn gaeth i ddefodau calendraidd y grefydd Iddewig, ac y mae Paul yn ofni iddo lafurio'n ofer drostynt.

Nawr mae Paul yn gwneud apêl gynnes at y Galatiaid. Mae'n dwyn i gof sut yr oedd ei ymweliad cyntaf â Galatia wedi digwydd oherwydd gwendid neu afiechyd corfforol. Mae rhywrai wedi ceisio dyfalu beth oedd natur yr afiechyd, gan awgrymu malaria, epilepsi neu ophthalmia. Mae rhai'n credu bod 'tynnu'ch llygaid allan a'u rhoi i mi' yn awgrymu rhyw ddiffyg ar ei lygaid. Ond beth bynnag oedd yr afiechyd, roedden nhw wedi ei groesawu fel angel Duw.

Ond erbyn hyn, yr oedd eu hagwedd gyfeillgar gynt wedi troi'n elyniaeth, a hynny oherwydd bod rhywrai (yr Iddeweiddwyr) yn rhoi sylw mawr iddyn nhw, ond nid er eu lles. Mae Paul yn meddwl amdanynt fel ei blant, yr oedd ef wedi mynd trwy boenau genedigaeth drostynt. O na bai'n gallu bod gyda nhw: gallai wedyn newid tôn ei lais i dôn fwy addfwyn a thawel. Ond, fel yr eglura Paul, yr oedd mewn penbleth yn eu cylch.

4: 21–5: 1
Yn yr adran hon cawn enghraifft dda o'r dull alegorïaidd o drafod Ysgrythur, yn ôl yr arfer Rabinaidd. Mewn alegori fel hon, sef Alegori Hagar a Sara, y mae pob un eitem yn cynrychioli gwirionedd ar lefel uwch.

Roedd gan Abraham ddau fab: Ishmael, ei fab o'r gaethferch Hagar, a anwyd yng nghwrs arferol natur, ac Isaac, ei fab o'r wraig rydd, Sara, a anwyd o ganlyniad i addewid Duw pan oedd Sara i bob golwg y tu hwnt i oedran geni plentyn. Ond mae Paul yn egluro bod ystyr ddyfnach i'r stori. Mae'r ddwy wraig yn cynrychioli dau gyfamod. Mae Hagar yn cynrychioli cyfamod Sinai. Mae ei phlant hi yn cynrychioli yr Iddewon a anwyd mewn caethiwed i'r Ddeddf. Ond y mae Sara'n cynrychioli cyfamod yn sylfaenedig ar yr Addewid, ac y mae ei phlant hi yn cynrychioli'r rhai sy'n byw eu bywyd ar sail ffydd. Mewn gair:

Hagar y gaethferch = Cyfamod Sinai, a seiliwyd ar y Ddeddf
Cyfamod yw hwn sy'n apelio at y cnawd
Y rhai sy'n ei gadw yw'r Iddewon, caethion
y Jerwsalem bresennol.

Sara y wraig rydd = Cyfamod yr Addewid, a seiliwyd ar ffydd
Cyfamod yw hwn sy'n apelio at yr Ysbryd
Y rhai sy'n ei gadw yw rhyddfreiniaid
y Jerwsalem sydd uchod.

Neges yr alegori yw bod yr hen gyfamod, seiliedig ar Ddeddf, wedi ei ddisodli gan gyfamod newydd seiliedig ar Addewid, ac yn dwyn pobl i ryddid. Cyn hir byddai dilynwyr Cristnogaeth yn fwy niferus na dilynwyr Iddewiaeth (Eseia 54: 1). Ond rhaid i Gristnogion fod ar eu gwyliadwriaeth: yn union fel yr oedd Isaac wedi ei erlid gan Ishmael (Genesis 21: 9), byddai'r Iddeweiddwyr hwythau'n erlid dilynwyr Crist. Yn wyneb y sefyllfa a oedd yn prysur ddatblygu yng Ngalatia, doedd dim ond un ffordd ymlaen i Gristnogion yr eglwysi hynny. Onid oedd yr Ysgrythur ei hun wedi gorchymyn (Genesis 21: 10): 'Gyrr allan y gaethferch a'i mab, oherwydd ni chaiff mab y gaethferch gydetifeddu â mab y wraig rydd'? Rhaid cefnu ar ffordd y gaethferch a ffordd Sinai, oherwydd plant y wraig rydd ydym ni, meddai Paul. Ac mae'n rhoi'r utgorn wrth ei wefus: 'I ryddid y rhyddhaodd Crist ni. Safwch yn gadarn felly, a pheidiwch â phlygu eto i iau caethiwed.'

5: 2–15
Mae Paul am i'r Galatiaid ddeall y perygl o ddychwelyd at y Gyfraith; byddai hynny'n gyfystyr â gwisgo iau caethiwed unwaith eto, oherwydd mae derbyn

enwaediad (y ddefod sy'n dynodi bod dyn yn derbyn disgyblaeth y Ddeddf Iddewig) yn clymu dyn wrth y Gyfraith i gyd. A byddai hynny'n dadwneud y cwlwm sydd rhyngddo a Christ oherwydd mae'r Ddeddf yn sefyll o blaid egwyddor 'gweithredoedd' ond mae Cristnogaeth yn sefyll o blaid egwyddor 'ffydd'. A byddai hynny'n golygu syrthio oddi wrth ras Duw. N. B. adnod 6: 'Oherwydd yng Nghrist nid enwaediad sy'n cyfrif na dienwaediad, ond ffydd yn gweithredu trwy gariad'; dyna grynhoi neges yr epistol cyfan.

Yn adnod 7 mae Paul yn troi oddi wrth gwestiwn enwaediad i drafod y bobl a oedd yn gweinyddu'r ddefod. Roedd Cristnogion Galatia wedi gwneud camau breision; pwy oedd wedi eu rhwystro nhw? Nid oddi wrth Grist y daeth y perswâd a fu arnyn nhw. A'r peryg oedd y gallai ychydig lefain suro'r toes i gyd. Mae'n amlwg fod syniadau hereticaidd yr Iddeweiddwyr yn peryglu'r eglwys gyfan. Ond mae gan Paul bob sail dros gredu y daw popeth yn iawn yn y man, ac y bydd yr un sy'n aflonyddu arnyn nhw yn derbyn ei gosb, pwy bynnag yw.

Yna mae Paul yn trafod y cyhuddiad a wnaed yn ei erbyn gan yr Iddeweiddwyr, sef ei fod yn dal i bregethu enwaediad. Celwydd noeth, meddai Paul. Pe byddai hynny'n wir, pam yr oedd yn cael ei erlid gan yr Iddewon? Ac mae Paul yn colli pob amynedd ac yn troi ar yr Iddeweiddwyr: trueni na fyddai'r gyllell yn llithro yn llaw y rhai sy'n aflonyddu arnoch chi, a'u bod yn eu sbaddu eu hunain!

Yn adnod 13 mae'r Adran Athrawiaethol yn newid cywair, oherwydd mae Paul yn mynd ymlaen i drafod moeseg, ac fel y gwelsom eisoes mae rhai esbonwyr yn cyfeirio at yr Adran o 5: 13 i 6: 10 fel 'Yr Adran Foesegol'.

Yn yr Adran Athrawiaethol mae Paul wedi bod yn trafod rhyddid y Cristion. Ond mae i ryddid y Cristion, er mor werthfawr yw, ei beryglon. Un o'r peryglon oedd i Gristnogion Galatia arfer eu rhyddid 'yn gyfle i'r cnawd' h.y. i roi mynegiant i'w natur lygredig. Mae Paul yn gweld enaid dyn fel maes brwydr rhwng dwy elfen sy'n gwbl groes i'w gilydd: *sarx* a *pneuma*, cnawd ac ysbryd, h.y. yr elfen lygredig a'r elfen ddyrchafol. Mae rhoi lle i'r naill yn golygu cefnu ar y llall. Nid rhyddid iddynt wneud fel y mynnent oedd eu rhyddid newydd yng Nghrist, ond cyfle yn hytrach iddynt wasanaethu ei gilydd mewn cariad. Gellid crynhoi cyfraith Moses i un anogaeth holl-gynhwysfawr: 'Câr dy gymydog fel ti dy hun' (Lefiticus 19: 18). Tristwch, gan hynny, oedd gweld Cristnogion Galatia yn peryglu eu dyfodol fel eglwysi trwy ymddwyn tuag at ei gilydd fel anifeiliaid rheibus.

Mae'n rhoi enghreifftiau ymarferol o'r math o ymddygiad sy'n nodweddu'r cnawd, gan eu rhybuddio na chaiff neb sy'n ymddwyn felly etifeddu teyrnas Dduw:

Tri phechod rhywiol: puteindra, amhurdeb ac anlladrwydd;
dau bechod crefyddol: eilunaddoliaeth a dewiniaeth;
wyth pechod cymdeithasol: cweryla, cynnen, eiddigedd, llid,
ymgiprys, rhwygo, ymbleidio a chenfigen.

Mor braf yw symud o ddigalondid 'gweithredoedd y cnawd' i faes hyfryd 'ffrwythau'r Ysbryd':

Cariad, llawenydd, tangnefedd,
goddefgarwch, caredigrwydd, daioni,
ffyddlondeb, addfwynder, hunan-ddisgyblaeth.

Pan fo'r rhinweddau graslon hyn yn cael lle ym mywyd dyn, does dim un gyfraith a all eu gwrthsefyll, oherwydd pan fo'r ysbryd yn teyrnasu, does dim angen Deddf. Mae'r hen fywyd – bywyd dan lywodraeth chwantau'r cnawd – wedi cael ei hoelio ar y groes gyda Christ, ac mae'r bywyd newydd wedi cymryd ei le, bywyd yn yr ysbryd. A dylem ddangos hynny'n eglur yn ein hymddygiad; does dim lle i ymffrost, na herio'n gilydd, na chenfigen.

Cyfrifoldeb y rhai sy'n byw dan lywodraeth yr Ysbryd yw adfer y troseddwr gydag addfwynder, gan ofalu na fyddwn ninnau'n syrthio i'r un demtasiwn. Wrth roi'n hysgwydd dan feichiau'n cyd-ddyn y cyflawnwn 'gyfraith Crist'. Does dim lle i ffug-urddas; mae pob hunan-dyb yn hunan-dwyll! Dylai'r Cristion ei osod ei hun dan brawf yr hunan-feirniadaeth fwyaf llym cyn darganfod unrhyw sail i ymffrost. Yn hyn o beth, boed i bawb ysgwyddo 'pwn' ei gyfrifoldeb ei hun.

Yna, mae Paul yn prysuro i annog 'y sawl sy'n cael ei hyfforddi yn y Gair' i gyfrannu at gynhaliaeth y sawl sy'n ei hyfforddi. Mae'n bosibl fod y Galatiaid yn ddiffygiol i'r cyfeiriad hwn, a bod Paul am roi proc yn eu hystlys. Mae egwyddor hau-a-medi yn egwyddor bwysig ym mywyd y Cristion. Nid un i grychu trwyn arno yw Duw! Mae perthynas uniongyrchol rhwng y gweithredoedd y mae dyn yn eu hau, a'r canlyniadau a fedir o'r gweithredoedd hynny. Os heuwn had ein natur lygredig, yr unig gynhaeaf y gallwn ei ddisgwyl yw cynhaeaf llygredigaeth. Onid llawer gwell fyddai hau hadau'r bywyd ysbrydol, a chawn wedyn fwynhau cynhaeaf da yn ei amser? Tra bo'r cyfle gennym, gadewch inni wneud daioni i bawb, ac yn enwedig i'n cyd-Gristnogion. A dyna ddiwedd yr Adran Foesegol.

6: 11–18: *Post Script*
Arfer Paul wrth ysgrifennu ei lythyrau oedd defnyddio amanuensis, sef rhywun a fyddai'n ysgrifennu'r geiriau ar bapur wrth i Paul eu llefaru. Ond y tro hwn, am ei fod am danlinellu pwysigrwydd y peth, mae'n cymryd y pin ysgrifennu yn ei law ei hun. Yn yr ôl-nodyn hwn, mae'n rhybuddio Cristnogion Galatia unwaith eto rhag iddyn nhw gael eu harwain ar gyfeiliorn gan yr Iddeweiddwyr. Maen nhw'n awyddus i'ch enwaedu, meddai, er mwyn profi eu bod nhw'n driw i Iddewiaeth, ac i osgoi cael eu herlid oherwydd eu bod nhw'n fflirtian â Christnogaeth. Ond dyw'r Iddeweiddwyr hyn, hyd yn oed, ddim yn cadw'r gyfraith; eu hunig gonsyrn yw chwyddo rhifedi'r proselytiaid. Gwell gan Paul ogoneddu croes Iesu Grist, sy'n golygu ei fod yn cefnu'n llwyr ar werthoedd y byd hwn. Bellach 'nid enwaediad sy'n cyfrif, na dienwaediad, ond creadigaeth newydd'. Ac mae Paul yn dymuno'n dda i bawb sy'n rhan o'r 'greadigaeth newydd' hon, hynny yw, i'r Eglwys Gristnogol, sef 'Israel' newydd Duw. O hyn allan, mae'n bryd i'r Iddeweiddwyr roi llonydd iddo, oherwydd mae'n cario yn ei gorff 'stigmata' Crist, sef y creithiau yr oedd wedi eu dioddef oherwydd iddo gael ei erlid wrth lafurio dros Iesu Grist.